EMBRACE CHANGE

変化を抱擁せよ

人が増えても速くならない

YOSHIHITO KURANUKI

倉貫義人

技術評論社

はじめに

事業が順調に成長しているにも関わらず、現場が疲弊してきてアクセルを緩めざるをえなくなってしまった。

ユーザー数が伸びるにつれて多くの要望が出てきても、新しい機能をスピーディーに追加できなくなってきた。

なぜ、そうしたことが起きてしまうのか。

その原因は、変化に適応できないからです。

私は、社会人になってからエンジニアとして12年間過ごしたあと、ソフトウェアの受託開発を生業とする株式会社ソニックガーデンを創業、12年に渡り経営してきました。今は、株式会社クラシコムにも社外取締役として関わらせてもらっています。クラシコムは、社長の青木耕平さんと実の妹の佐藤友子さんのお2人で創業された会社で、雑貨や洋服などを販売する「北欧、暮らしの道具店」を運営しています。ＥＣだけにとどまらず、メディアを持ち、オリジナルのWebドラマやラジオなども展開するユニークな会社です。その独自の世界観を実現するために、クラシコムには社内にエンジニアチームがいて、ソフトウェアを内製しています。より良いソフトウェアとエンジニアチームを実現するべく、私の開発と経営の両方の経験を活かせるのではと、２０１８年に参画することになりました。

私が参画した当時、ソフトウェア開発は社長である青木さんが直接マネジメントしていました。青木さんは非常にロジカルな考え方を持ち、物事や構造を抽象化して捉えることができる人なので、エンジニアだった私から見てもプログラミングの素養があるように思えました。

とはいえ、青木さんにはプログラミングの経験があるわけではないため、ソフトウェアならではの気をつけることや、一般的な製造とはプロセスが大いに異なること、エンジニア特有の人材マネジメントのポイントなど、たくさんのことをお話ししてきました。たとえば……

・人を増やしたからといって、速く作れるわけではない
・正確な見積もりを求めたら、見積もりが膨らんでしまう
・一度に大きく作ろうとするほど、結局は損をしてしまう

あるとき、青木さんとこれまでのことをふりかえりながら話をしていたときに、ふとこんな言葉をもらいました。

「でも、こういうソフトウェアならではの話って、普通に経営だけしていたら知る機会ないよね」

たしかに、私自身はエンジニアであり、経営者でもあるのであたりまえのこととして伝えてきましたが、ソフトウェアそのものに長く触れたことのない人にとっては、人生でソフトウェアの特徴を知る機会はありません。

今のビジネスにおいて、ソフトウェアは欠かせないものになっているにも関わら

ず、ソフトウェアの特性を知らないがゆえに、経営者やマネージャーがよかれと思っていても、じつはまちがった施策を進めてしまうのはとても惜しいことだと考えるようになりました。

ソフトウェアに関する知見をまとめて、エンジニアに向けて専門的に書かれた書籍は世にたくさんありますが、エンジニア以外の人たちにとっつきやすく、それでいて本質を知ることのできる書籍は少ないのかもしれません。

「そのギャップを少しでも埋められたら、きっと世の中のビジネスもソフトウェアももっと良くなるし、ソフトウェアを必要とする人とソフトウェアを開発するエンジニアの双方が幸せになれるのでは」

そう考えたのが、本書を書いたきっかけです。

起業家や経営者、それに事業責任者やマネージャーがプログラミングを学ぶことは、エンジニアの考え方やソフトウェアの特性を知るうえで、とても意義があることです。しかし、多少プログラミング言語をかじった程度では、その本質まで理解することは難しいのも事実です。なにより、マネジメントに携わる忙しい人たちにとって、自分でプログラミングを身につけてソフトウェア開発を学ぶのは現実的に無理があります。

本書は、そういった多忙な人たちであってもサッと読めるように書きました。なるべく専門用語は使わずに、たとえ話を使ったり、平易な表現にすることで、大事なポイントだけは押さえられることを試みました。

本書で紹介するのは、「手っ取り早く安くソフトウェアを作る方法」ではありません。ですが、長い目で見て成長し続ける事業や、変化し続けるサービスに適応し続けられるソフトウェアが欲しい方にとって、きっと役立つ本になっているはずです。

本書を通じて、より多くのソフトウェアが柔軟に変化していけるものになり、読者のみなさんの事業やサービスを持続的に支えていくことを願っています。

人が増えても速くならない

目次

5章 プレッシャーをかけても生産性は上がらない

6章

7章

8章 工程を分業しても、効率化につながらない……113

1章

完成しても、終わりではない

「この画面ですが、ユーザー登録の邪魔になることがわかったので、導線を変えたいのだけど、どれくらいで直せそうですか？」

「んー、ちょっと調べてみないと、なんとも言えないですね……」

お願いしているのは、画面の一部を変えるだけのことなのに、どうしてかんたんに見通せないんだろうか。だけど、中身のことはわからないからエンジニアに任せるしかない……。

「どうですか、1週間ほど経ちますが、調べてわかりましたか？」

「はい、確実には言えないんですが、ここを直すなら2週間は必要かな、と」

「え？　そんなにかかるのですか？　この一部を変えてもらうだけですけど……」

「ええ、その画面を担当してくれた方はプロジェクトが終わって別のプロジェクトに入ってしまったので、残っただれかが調べながら作るしかないので。それに、まだ影響範囲もわからないし、動作確認もしないといけないですし……」

良いシステムが完成したと思っていたけれど、使い始めてみると思っていた以上に改善したいところは出てくるし、その都度エンジニアたちに相談するけど、修正にかかるコストは非常に大きい。最初から想定しておけばよかったけど、そんなことは現実的ではないよな。

いったい、どうしたらよかったんだろう?

システムは使い始めてから改善が始まる

多くの人がスマホからさまざまなアプリを利用していると思いますが、どのアプリも「インストールしたらそのときのまま」というわけではなく、定期的にバージョンアップしているはずです。また、企業で使う勤怠管理・顧客管理・会計システムなどクラウドのサービスも、日々使っていくうちに機能が増えたり、使い勝手が良くなっていったりしていませんか。

システムは導入して、目的を達すればいいと考えてしまいがちですが、導入はスタート地点に過ぎません。導入して、現場やユーザーが使い始めてからが本番です。ユーザーが使い始めると、想像もしていなかった新しい要望が出てきたり、現場では使い勝手が悪くかえって生産性が落ちてしまったり、ユーザー数が増えて負荷が高まって動作が遅くなったり、法律が変わって業務の流れにも影響を受けたりと、本当に予測できないことばかり起きます。そうした状況の変化に、システムを形づくるソフトウェアは対応していく必要があります。

もちろん、外部からの影響を受けての改修だけでなく、その事業を良くしていくために前向きな改善で変化することも大事です。たとえば、商品をインターネットを介して販売するECサイトを始めたとして、まだ規模の小さいうちは、ショッピングモールのサービスを利用して商品を販売し、仕入れや在庫の管理も表計算ソフトで対応できます。しかし、一定の規模に成長した段階で、自社独自の強みを出すためにも、自社用にフィットしたECサイトのシステムを導入するとしましょう。

最初から何年後も見越したものは作れないので、基本的な機能からスタートするはずです。しかし、事業が成長すると、さまざまなことが必要になってきます。

在庫の数が増えれば、倉庫を借りることになります。そうなれば、倉庫管理のシステムと連結する必要が出てきます。

顧客からの問い合わせをユーザーサポートの会社に依頼することになれば、問い合わせ管理の機能も必要になってきます。

ユーザーからの要望に応えるために、導線の見直しや、新しい機能が必要になります。

クーポンの仕組みを入れることになれば、財務や決済の仕組みの見直しが発生します。

このように、事業の成長にはさまざまな仕組みが必要になります。そうした仕組みはシステムが支えるので、事業の改善を続けていくなら、当然ながらシステムもずっと改修していく前提で作ったほうがいいのです。

なぜ、ソフトウェアなのに固くなってしまうのか

では、なぜ往々にしてリリース後にシステムを改修するのは難しく、多大なコストがかかってしまうことがあるのでしょうか。

システムが動き始めてからの修正を難しくする原因が2つあります。

①行きあたりばったりで改修を加えてしまう

将来を考えずに適当に修正したり、機能を追加したりしてしまうと、複雑性が増していき、いずれ混乱の極みに陥って、ちょっとした機能追加もままならない状態になってしまいます。たとえるなら、ソフトウェアは精緻なジェンガみたいなものだと思ってください。雑に乗っけてしまうほどに、あとから乗せるのが難しくなり、いずれ崩壊してしまいます。

②一度きりの完成を目指してしまう

では、そんな修正をしなくてもいいように、もっと事前にしっかりと考えておけばよかったのでしょうか。じつは、そうして事前に固めようとするほどに、それもまた柔軟な変化を妨げてしまうのです。

事前に要件を固めたり、過剰にドキュメントに残したりすることは、時系列でいえばある1点の完成を目指すことになります。ある1点の完成を目指すことは、逆にいえば一度だけ完成すればいいということです。そうなると、完成後のことよりも完成させることに力点が置かれてしまうのは仕方がないことです。

これは、学生時代の受験勉強みたいなものです。ただ受験を乗り越えさえすればいいと思って勉強しているとしたら、そのあとに残るものは多くありません。

行きあたりばったりで機能追加すること、一度の完成を目指そうとすること、いずれもソフトウェアが変化していくことを困難にするのです。

プロジェクトからプロダクトの考え方に変える

従来のシステム開発のマネジメントといえば、システムを完成させてリリースすることをゴールにしたプロジェクト型でした。最初に正解となる要件と計画を定めて、計画から外れないよう進捗管理と品質管理をすることが大事になります。プロジェクトの立ち上げで人を集めて、目的を達したらチームは解散します。

しかし、これからは事業とシステムが一体となっていきます。システムを事業のコアとなるプロダクトとして捉えて発展させていくことで、事業そのものを成長させていくように考えるといいでしょう。

プロダクトでは、基本的に関わる人たちは変えません。プロダクトが続く限り、チームも続きます。そう考えると、プロダクトを支える人たちも含めて、そのプロダクトの価値ともいえます。

プロダクトの価値向上には、正しい答えなどありません。仮説を立てて、試行錯誤を繰り返しながら、より良い施策を積み上げていくしかありません。その中でソフトウェアは、プロダクトの要素の1つとして、継続的に改善をしていくことになります。たとえ社内のシステムであっても、現場の人たちをユーザーと捉え、その人たちの使い勝手や生産性を上げていくために改善を続けていくプロダクトなのです。

システム開発がプロジェクトからプロダクト中心に変わると、関わる人たちの関係性も変わることになります。これまでの完成を目指したシステム開発であれば、「システムを依頼する人たち」と「システムを開発する人たち」という形で分かれていました。しかし、社外に限らず社内であっても受発注のような関係では、変化に柔軟に適応していくシステムは手に入りません。動かし始めてから、次々と直したいところが出てきても、その度に発注するように依頼することになってしまうからです。

プロダクトという共通の成果物と、目指す共通の目標を持つことで、システムは「依頼して作ってもらうもの」から「協働して一緒に作るもの」に変わります。そして、システムは完成を目指すものでなく、事業と共に改善を続けるものになるのです。成長し続けるために、変化に適応できるソフトウェアの作り方と考え方を身につけましょう。

2章

人を増やしても速く作れるわけではない

「ユーザーからの要望も多くなってきたので、もう少し開発速度を上げられそうにないですか？」

「今のメンバーだと、今のスピードが限界ですね……」

そう言われると仕方がないが、経営として生産性を上げるために取りうる手は採用だろう。どこも人手不足で採用も難しいが、なんとかツテも頼ってエンジニアを3名も獲得できた。これで今の倍の人数になった。きっと生産性は上がるはずだ。

……それから数週間が過ぎたが、いっこうに生産性が上がったように思えない。

「さすがにすぐに活躍は難しいと思うけど、もうずいぶん経つので、そろそろ慣れたころじゃないですか？」

「いや、そうかんたんではないですね。まだ時間がかかると思います」

「まだ開発速度は上がりそうにない？」

「そうですね、今はこれ以上は無理ですね……」

どうも人を増やしたのに生産性が上がっていないようだ。いや、現場は以前よりも目に見えて混乱して、むしろ生産性が落ちてしまっているようにさえ感じる。

いったい、何が起きているのだろうか?

2倍の予算があっても2倍の生産性にはならない

何か物を作るような製造現場であれば、一般的には人数を増やせば、その分だけ生産性が上がるはずです。その分のコストはかかるにせよ、人数に比例して生産性を上げることはできます。

一方、ソフトウェアを生み出すプログラミングにおいては、じつはそうではありません。人数と生産性に、必ずしも短期的には相関関係がないのが特徴です。

多くの人は、システムを作るには事前に設計書を作ることが大事で、エンジニアの仕事はその設計書に書かれたとおりに手を動かすことだとイメージしているかもしれません。しかし、それは事実ではありません。「コーディング」という言葉があるため、キーボードでプログラムを打ち込むことが仕事だと思ってしまうかもしれませんが、それは単なる表現の手段にすぎません。カメラマンの仕事がシャッターを押すこと、画家の仕事が筆を走らせること、とは思いませんよね。

エンジニアの仕事の本質は、「求められている機能を、どういったプログラムで表現するのかを考えること」です。とても頭を使う仕事です。

たとえ話になりますが、仮に自宅用の家を新築で建てることを考えてみてください。家を建てるためには、土地が必要なのはもちろんのこと、どういった家を建てるのかを設計する設計士がいて、施主といろいろと議論を重ねながら、理想の家となるよう設計するはずです。どういう家を建てるのかイメージが揃い、設計書ができて設計が終わったら、次は大工を集めて建築作業に入ります。ここまでくると、1人の大工より一定の人数がいたほうが生産性が上がります。

では、エンジニアがおこなっているプログラミングは、この家を建てるという工程の中で、どの部分に相当するのでしょうか。

じつは、設計士のやっている仕事になります。では、建築現場で働く大工にあたるのはだれかといえば、それがコンピュータになるのです。

「どんなふうに動くソフトウェアにするのか、顧客やビジネスサイドの人たちと相談しながら設計して、プログラムという形で表現する」

それが、プログラミングです。だからプログラムというのは、コンピュータへの指示書になるわけです。

もし1つの家の設計をする際に、設計士が5人いたからといって、5倍の生産性を出すことはできません。むしろ、人数が増えると意見が合わなかったり、情報共有が大変になって、生産性が落ちてしまうことになるのは想像できるでしょう。

それと同じことが、エンジニアの仕事でも起こります。すなわち、単純に人の数を増やしたからといって、かんたんに生産性が上がるわけではなく、むしろ下がってしまうこともあるのです。

遅れているプロジェクトに人を追加するのはやめて

「遅れているソフトウェアプロジェクトへの要員追加は、プロジェクトをさらに遅らせるだけである」

これは、1975年に出版された『人月の神話』という非常に有名な本に書かれた文章です。著者のフレデリック・P・ブルックスの名前から、「ブルックスの法則」と言われています。何十年も前に書かれたことが、今もなお通じることに驚きを隠せませんね。

なぜ、遅れているプロジェクトに人を追加すると遅れるのか。3つの理由があります。

①あとから入った人の情報や知識のキャッチアップと、その人たちへの教育にコストがかかる

設計の仕事でもあるプログラミングは、ただ手を動かすだけではない、非常に複雑な仕事です。そこまで作ってきたソフトウェアの仕様や技術、業務知識について深く理解していないと、新しい機能追加は難しくてできません。そして、参加する時期が終盤になるほど、理解する範囲が広くなっていくため、より難しくなります。

それまで開発に従事していた人が、その時間を教育にかけるとなれば、生産性が落ちてしまうのは仕方ありません。

②関わる人数が増えると、メンバー同士でのコミュニケーションにかかる時間が増えてしまう

たとえば、5人のプロジェクトなら、自分以外の4人について動きを把握して連携をとればよかったのが、3人追加して8人になったら、7人を相手にしないといけなくなります。ミーティングの時間が増えて、同僚からの相談にのる時間が増えれば、自分の手を動かす時間が減ってしまいます。

長く一緒にやっている相手ならば、前提の認識が揃っているのでコミュニケーションにそこまでコストはかかりません。しかし、入ったばかりの人とは考え方や進め方

のさまざまな認識が揃っていないため、すりあわせていくだけでも時間がかかって生産性が下がります。いずれ認識が揃っていけば長期的には生産性は高まりますが、遅れているプロジェクトにそんな余裕はないでしょう。

③タスクを分解するにも限度がある

優秀なエンジニアにとって、細かすぎるほどタスクを分解するくらいなら、自分でタスクを消化したほうが速いものです。

プログラミングでは、他人に対して細かく指示を出して仕事をしてもらうことはできません。なぜなら、そこまで指示をするなら、自分でプログラムを書いてコンピュータに指示したほうが速いからです。

遅れたプロジェクトに人を増やしたとしても、その新しく入った人のための仕事を作り出すことが必要になります。それを元からいたメンバーが考えることになると、さらに全体が遅れることになってしまいます。

銀の弾丸はないが〝金の弾丸〟なら有効なときがある

ソフトウェアの特性上、人を安易に増やしても生産性は高まらないことは理解してもらえたと思いますが、ではどうやって問題を解決すればいいのでしょうか。

前述の『人月の神話』では、そうしたソフトウェア開発の問題を解決できるような万能の方法などないとされており、それを「狼人間を撃つ銀の弾丸はない」と表現しています。実際そのとおりだとは思いますが、それでは希望がないので、もう少し考えてみましょう。幸いにして、『人月の神話』が書かれた時代から月日が経ち、現代になったからこそ解決の一助となるアプローチがあります。

人を集めてもソフトウェア開発の生産性は高まらないといいますが、そもそも現代は人を集めることが困難な時代になっています。そのため、人海戦術に頼らない解決の糸口は、すでにいる人たちの生産性を上げることです。生産性を比較的容易に高める方法が2つあります。

①高い生産性を出せるような環境を用意する

かんたんな話で、たとえば使用しているパソコンを高性能なものに変えることができれば、コンピュータの処理速度が速い分、人間の待ち時間を減らすことができるようになって、単純に生産性が上がります。

ほかにも、大きめのディスプレイを用意したり、椅子や机などを良くすることも同様です。より良い環境となることで、エンジニア1人あたりの生産性を高めることができます。エンジニアも、良い環境にいれば気分も良くなり、生産性向上に寄与することでしょう。

また、昨今は人工知能の進化も捗々しいため、各自で使えるように課金して使うことも有効です。

②クラウドに移管したうえで、クラウドの性能を増強する

クラウドのメリットは、物理的にコンピュータの機械を増やしたりしなくても、仮想的にコンピュータの性能を増強できることです。もちろん、お金はかかりますが。

以前であれば、ユーザーの増加に伴って、アクセス量やデータ量が増えたりしたら、

それに合わせてエンジニアが追加のコンピュータを用意したり、処理速度を向上させるためにプログラムの改修をしていました。そうした改良にはエンジニアの工数がかかるものです。

しかし今は、コンピュータよりも人の稼働時間のほうが貴重な資源となりました。エンジニアの時間を使うくらいならば、お金をかけてでもコンピュータの性能を上げてしまったほうが、コストパフォーマンスがいいのです。

このように「人を動かすのではなくお金を使う」という発想で解決できることは、まだまだあります。つまり、安易に解決できる銀の弾丸はないけれど、〝金の弾丸〟なら有効に使えるというわけです。

速く作ることはできないが、速く作れるチームは作れる

「ソフトウェアは人海戦術で速く作ることができない」

これがソフトウェア開発の特性です。金の弾丸も対症療法としては有効ですが、本質的な解決には至りません。ただし、速く作ることのできるチームを作ることはできます。

複数のエンジニアでチームを組んでも、皆ずっとコンピュータに向かってプログラミングしている様子から、彼らが1人で仕事をしているふうに見えるかもしれません。そう見えて、じつはうまくいってるチームほど、チャットなどを使って、メンバー同士でとても密にコミュニケーションしています。なぜなら、複数人でソフトウェア開発をする際は単純な分業はできないため、コミュニケーションが欠かせないからです。

メンバー全員で1つの精密機械を作っているようなものなので、だれか1人でもまちがったプログラムを書けば、それですべてが動かなくなることが往々にしてあるのです。だから、チームの内部では密に情報共有をしたり、互いの成果物をチェックしたりして仕事を進めます。意外かもしれませんが、ソフトウェア開発においては、チームワークとコミュニケーションは欠かすことのできないものなのです。

人が集まるだけではチームワークを発揮することはできません。チームで品質の高いソフトウェアを作ろうとするなら、率直に意見を言い合えるような心理的安全性の高い状態が望ましいのは当然でしょう。しかし、そうした状態に至るためにはチームとしての共通体験が必要で、時間がかかります。

よくプロジェクトの終盤になってから、それまでの危機的状況を何度も乗り越えたことで信頼関係が構築されて、素晴らしいチームになっていることがあります。そうして築かれたチームが、プロジェクトごとに解散されてリセットされたら、生産性の高いチームは存在し続けられません。

チームの哲学や文化が揃っていることが大事

エンジニアでチームを組む際に気をつけないといけないのは、哲学や文化が揃っていることです。経験豊富なエンジニアになるほど、開発における自分なりのポリシーを持っています。プログラムの書き方や、テストの方法、品質に対する姿勢などにこだわりがあるのです。エンジニアでチームを作る際に、そうした考え方が揃っていなければ、最初にすりあわせる必要があって、それには時間がかかります。特に品質に対する考え方や意識が揃っていなければ、絶対に良い品質にはならないし、高い生産性も出せません。

メンバー同士の信頼関係があり、心理的安全性も高く、開発についての哲学やポリシーが揃っている状態のチームになれば、とても高い生産性を発揮することができるでしょう。そうした歴戦のチームがいてくれたら、たとえ難易度の高いソフトウェアであっても速く作ることができるはずです。

そうしたチームを作りあげることには時間がかかります。ソフトウェアを育てていくのと同時に、ソフトウェアを開発できるチームも育てていくことで、持続的にスピード感をもって変化に適応していけるソフトウェアが手に入ります。そんな高い生産性を発揮するチームを作ることができたら、それは変化に適応し続けるソフトウェアと同じくらいの貴重な資産になるでしょう。

3章

たくさん作っても生産性が高いとは言えない

「進捗どうですか？」

「ちょっと難しいところがあって……あと少し時間ください」

「わかりました。では、引き続き頑張ってください」


わかったと言ったものの、中身の難しさについてはサッパリわからない。エンジニアたちも、エンジニア経験のない私が理解できるまで説明することが難しいと考えているのか、くわしい説明はしてくれない。

実際のところ、説明されたとして理解できるかどうか……進捗状況を聞くぐらいしかできない。


「さて、先週に難しいと言っていたところですが、進捗どうですか？」

「はい、大きな目処は立ったのですが、まだ少し時間がかかりそうです」

「……」


聞いても仕方ないし、言っても仕方ないのはわかっているけれど、ちょっとした機能を追加してもらうだけで、こんなに時間がかかるものなのだろうか？

あらゆる状況を考慮するのに時間がかかる

プログラミングをしたことがない人からすると、エンジニアの仕事は渡された仕様書に従ってコンピュータに向かってプログラムを書いていくだけの仕事に見えるかもしれません。しかし、プログラミングはそんなに単純な仕事ではないのです。

プログラミングで手を動かす前に、どういった手順で動くのか、データの保存形式はどうするのか、画面の動きでおかしなところはないか、さまざまな場面を事細かに考慮して設計をする必要があります。なぜなら、コンピュータは曖昧な指示では動かないからです。コンピュータはプログラムに書いたとおりにしか動きません。プログラムを書く人間が考慮しきれていないことは、当然ですがコンピュータも考慮できません。考慮されない動きが起きたとき、それをバグと呼びます。

そのため、エンジニアは漏れがないように、あらゆるケースやあらゆる処理を考慮しておきたいと考えています。

最近は、エンジニアやハッカーが登場するドラマも少なくありません。そうしたドラマの中では、猛烈なスピードでキーボードを叩いてプログラムを作ったりする様子が描かれることが多いので、エンジニアの仕事とはそういうものだと思っている方もいるかもしれません。しかし、現実のエンジニアの仕事は、キーボードを打ち込んでプログラムを作っている時間よりも、じっくりと既存のプログラムを読み込んだり、プログラムが実行される際のさまざまな状況を考慮したりする時間のほうが長いものなのです。

プログラムは現実の理解の上に成り立つ

そして、考慮漏れをなくすためにエンジニアが知りたいのは、プログラムではなく現実世界のことです。社内のシステムであれば業務のことを知っておきたいし、ユーザー向けのサービスなら導線やビジネスモデルを知っておきたい。新しい機能なら、なぜ必要なのか、どういう場面で使われるのか、その機能によってユーザーはどういう便益を得ることができるのか……そうした背景です。

優れたエンジニアは、ただプログラムにくわしいだけでなく、業務やサービスについての知識があり、現実世界のことを理解しようとするものです。さらに優れたエンジニアになると、その事業や企画が実現しようとしているビジョン、事業の目的や会社のミッションといったことも考慮に入れようとします。そうした具体的な現実を抽象化し、改めてプログラムという具体的な機能に変換していくことが、エンジニアの仕事です。

そう考えれば、プログラミングというのはだれでもできる仕事ではないことがわかってもらえると思います。考慮の幅を広げるには経験が必要ですし、経験から得られた引き出しの数によって生産性も変わるのです。

ですので、エンジニアたちとコミュニケーションをするときには、ただ作ってほしい機能について話すだけでなく、

「その機能がなぜ必要なのか」

「事業にとってどういう意味があるのか」

といった思いや理由について伝えたほうが、良いプログラムを作ってもらえるはずです。相手が優れたエンジニアであればあるほど、効果的です。

影響範囲に気をつけて、重複をなくすことも仕事

仕事では、毎日新しいプログラムをゼロから生み出しているのではなく、既存の動いているプログラムに対して機能改善や改修を加えていくことがほとんどです。そうした修正を加えるときに、それまで動いていたプログラムの中身を気にしなければなりません。

もしこれが、田畑を耕して拡大するという話であれば、新しい土地があったとして、そこを追加で耕すときに、既存の田畑のことはそこまで気にする必要はないでしょう。新たに開拓して田畑を広げていけばいいはずです。

それがプログラムの場合は、それまで動いていた既存のものと、これから追加する

ものに論理的な整合性が求められます。コンピュータは論理的な矛盾や破綻があると動けないからです。そのため、すでに書かれたプログラムの中身を読み解いて理解したうえで、新しい機能を設計しなければなりません。

機能追加するプログラムを作る際に、もしすでに似たような部品があるなら、それを使うことも考慮に入れます。というのも、似たような機能がすでにあるにも関わらず、新たに作ってしまったら、重複した部分が分散することになって、あとから修正がしにくくなってしまうからです。

書いたプログラムは、あとから必ずといっていいほど、読み返されることになります。そのときが何ヶ月後か何年後かわかりませんが、修正する際に読みやすいものになっていないと、大きく生産性を毀損してしまうのです。だから、動くだけでなく、読みやすいものにしていくこともエンジニアの仕事のうちなのです。

同じソフトウェアを複数人で同時改修するのは非効率

曖昧なままの指示が通るのは人間同士だけです。コンピュータには事細かに指示をする必要があるため、さまざまな状況を考慮に入れて作るのに加えて、それらが一貫して動くような整合性も求められます。

そうした整合性を意識して開発するのは、1人の場合はそこまで問題にはなりません。大変なのは、複数の人間で同時に開発・修正しようとする場合です。

たとえば、とある機能で見つかった考慮漏れの不具合を修正するのと同時に、その機能に新しい動きを加えて拡張するのはかんたんなことではありません。人間でいえば、種類の違う手術を2人の医者が1人の体に同時におこなうようなものです。

1つのプログラムに対して別々の人が同時に改修を進めようとすると、整合性に問題が起きてしまいがちです。同時に修正する箇所が近しい場合、どちらの修正によって動きに影響が出たのかわからなくなってしまうからです。

仮に改修を別々にやってみたとしても、そのあとで改めて1つのプログラムに結合する必要があります。そこで差分が大きくなるほどに、整合性がとれるように直していくのに苦労することになります。だったら、順番に作ったほうが効率的でしょう。

とはいえ、並列で作らなければならない状況も少なくありません。そうした際に、適切に影響範囲を限定するように分離して設計し、人員を効率よく配置するのはエンジニアの腕の見せどころです。

その1つのパターンとして、「作っているソフトウェア自体を分ける」という発想があります。1つのソフトウェアに対して人数が多いような状況であれば、複数のソフトウェアに分けることで、ソフトウェアあたりに関わる人数を減らすのです。

複数のソフトウェア間には通信手段を用意し、それぞれのソフトウェアは各自の責任範囲で動くことができるようにします。ソフトウェアごとの責任範囲をもった開発チームやプロジェクトとすることで、複数のソフトウェアの開発に並行で取りかかることができます。

Amazonが提供するクラウドサービスのAWSでは、提供するサービスごとにチームを分けているそうです。「ツーピザチーム」といって、2枚のピザを一緒に分け合えるぐらいの人数のチームにして、それぞれの責任範囲でソフトウェアを作っています。そうすることで、素人目には一見すると巨大なソフトウェアでも、複数メンバーによる複数チームで開発できるのです。

生産性は、手を動かした時間で測らない

「プログラムを多く書けば書くほど、生産性が高い」

これはダウト。ソフトウェアは単純に手を動かすだけでは開発できません。プログラムを書く仕事で求められるのは、抽象化能力です。

現実の状況や、実際に動く際にはさまざまなシチュエーションがあります。そうしたさまざまな状況に対して、1つ1つ対処するようにプログラムを書いていくと、膨大な量を書かなければならなくなりますし、すべてを想定して書くのは現実的ではありません。

そこで、抽象化した表現に変えてプログラムに書いていきます。極めて単純化した

例ですが、たとえば1から100までの数字をアウトプットするときに、1から順に画面に出力するプログラムを100行分書くのではなく、特定の数字から数字までを繰り返し出力するプログラムを書けば、1から100だけでなくほかにも応用が効きますし、プログラム自体も小さくシンプルになります。前者が具体的な書き方だとすると、後者が抽象化した書き方です。

いかに上手に抽象化できるか。それによって対応できるシチュエーションの幅が変わりますし、あとから理解したり、修正したりしやすくなります。より抽象化できたほうがいいと考えれば、良いプログラムほどプログラムの量は少なくなっていくことになります。

つまり、プログラムを量で測ることは意味がないどころか、良くないプログラムを量産することになってしまいます。プログラムは、どれだけ書いたかの量ではなく、中身の質こそ大事なのです。

同様に、ソフトウェアの機能数で計測することも、筋がいいとはいえません。開発チームの生産性を、どれだけたくさんの機能を作ったかどうかで知りたいと思うかも

3-1図 › 処理を抽象化する

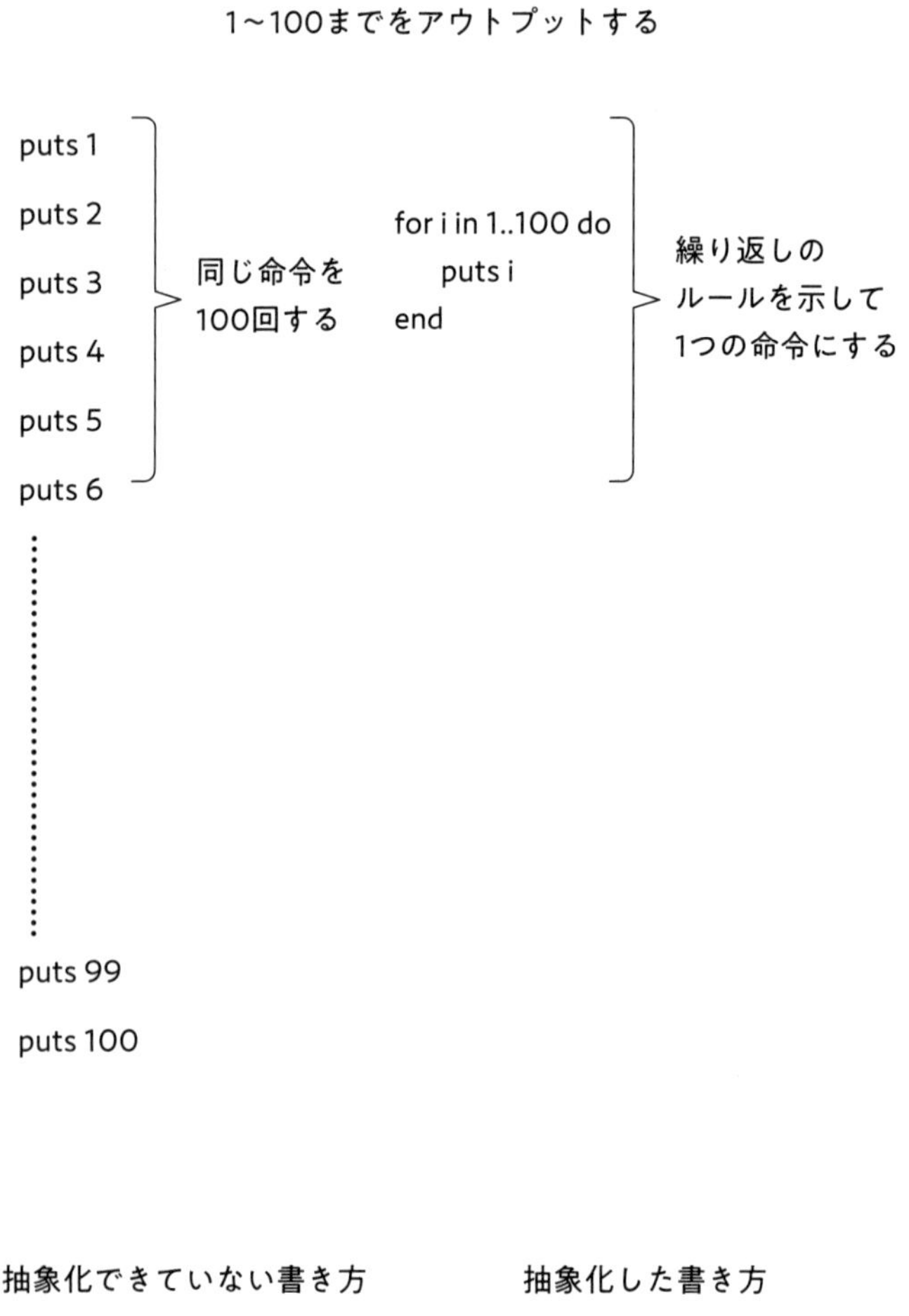
1～100までをアウトプットする
puts 1
puts 2
puts 3
puts 4
puts 5
puts 6
puts 99
puts 100
同じ命令を
100回する
for i in 1..100 do
puts i
end
繰り返しの
ルールを示して
1つの命令にする
抽象化できていない書き方
抽象化した書き方

しれませんが、はたして機能が多いほどソフトウェアの価値は高まるのでしょうか。それほど単純ではないはずです。使わない機能がいくら多くても、価値にはなりません。

本来、ソフトウェアに求めていたことは何だったのでしょうか。業務で使うソフトウェアなら、導入したことによる業務の効率化でしょう。一般利用者向けのサービスなら、そのソフトウェアを使うことによる行動や習慣の変化でしょう。それは、必ずしも機能数の多さで実現するものではないし、ましてやプログラムの量ではありません。

開発することだけを目指してしまうと、ひたすらに機能やプログラムの量だけが増えていきます。そうすると、ビジネスや状況が変化したときに、追随して変化していけるソフトウェアにはなりません。図体が大きいと、機敏には動けないものです。

何よりも、シンプルで小さなソフトウェアでいたほうが、不具合の数も少なくなるものです。そして、変化に適応していくためにも、ソフトウェア自体は無駄のない状態を目指しましょう。

4章

人に依存せず同じ品質で作ることはできない

「中途入社されてから1ヶ月経ちましたが、どうですか？」

「おかげさまで、チームには慣れました。みなさん優しくて、とても働きやすいです」

「それは良かった。では、開発スピードも上げていけそうですね」

「ええ……そうしたいのですが……」

「何か困ったこと、ありますか？」

「入社前に想像していたよりも品質が悪くてですね……」

「え、そうなんですか？　弊社のサービスはユーザーさんの満足度が高くて利用率も高いので、とても良い品質を提供できてると思ってましたが？」

「はい、それはそうなんです。良いサービスだと思います。ただ、新しい機能を追加するとなると、既存のプログラムやデータが難解で読み解くのが大変で……」

「弊社もベンチャーだった頃からのシステムなので、しっかりしたドキュメントや引き継ぎ資料などがなくて申し訳ない」

「いや、そういうことではなく、データ構造やプログラムの設計がイケてないというか、美しくないというか……」

「ん、それが生産性にどういう影響があるの？」

ソフトウェアは一品モノ、1つずつ中身が違う

　ハードウェアの場合、大量に生産された製品は、型番が同じであれば、どれも同じ中身、同じ品質であるはずです。たとえば、工場で作られたテレビの品質は、どれも同じです。しかし、ソフトウェアではまったく同じ製品をたくさん作るということがありえません。ソフトウェアは、すべてが一品モノなのです。

　以前であれば、ソフトウェアもCDやDVDといった媒体に焼き付けて「モノ」として売っていました。その場合、CDやDVDを製造しているように見えますが、実際はプログラムをコピーしているだけです。物理的な制約のないソフトウェアは、無限にコピーができるので、実際に作っているのはコピー元であるオリジナルの1つだけです。

　さらに、今の時代はクラウドでソフトウェアを動かすことが多くなっているので、利用者は媒体すら手に入れることなく、インターネットを通じてソフトウェアを利用するようになっています。しかも、複数の人間が、同時に利用するのです。そうなる

と、プログラムをコピーする必要すらなくなりました。

これは、書籍や音楽に似ています。書籍や音楽も、大量生産ではなく1つ作れば、(もちろん倫理的にはNGですが)機能的には無限にコピーは可能です。そんな音楽はストリーミング配信に形が変わりコピーすらいらなくなったり、書籍は電子書籍で提供すれば紙というハードウェアが不要になります。そうした性質が、ソフトウェアにもあります。

書籍や音楽に類似しているとしたら、ソフトウェア開発は何十人もが一斉に同じモノを大量に作るような仕事ではないことも理解できるはずです。

外から見える品質と、見ることのできない品質

ソフトウェアの品質には、2種類の観点があります。1つは、外から見える形での品質。もう1つは、外からは目に見えない、内部品質と呼ばれるものです。

サービスの提供者や利用者にとって重要なのは、外形的な品質です。たとえば

・「美しさ」や「かわいさ」など見た目がいいか
・途中で止まってしまうような不具合がないか
・動きが重くないか
・操作するうえで難しさはないか

といったものです。これらは品質の良し悪しがわかりやすいことも特徴です。

一方で、ソフトウェアならではの特徴として、

・だれにでも理解しやすく作られているか
・あとから修正を加えることを考慮されているか

といった、外からは見ることのできない品質があります。

もし、ハードウェアのように形のあるモノであれば、出荷される時点で外形的な品質を満たしていれば、内部の作り方の品質にはそこまでこだわる必要はありません。

その代わりに、利用者視点での品質管理や試験がおこなわれます。もし不良品が出た

としたら、修理する場合もあるかもしれませんが、最終的には別の新品と交換することもできます。

しかしソフトウェアの場合、「不良品があったら新品に交換」というわけにはいきません。不具合があれば、既存のプログラムを修正することになります。その際に影響してくるのは、修正対象のプログラムが読みやすいかどうかです。手を加える前にプログラムを読み込んで理解していないと、改修によって悪影響を及ぼすかもしれないからです。プログラムが読みやすいかどうかは、外から見てもわからない品質です。いかに内部の作りが良い状態なのかは、後々の生産性に影響してくるため、ソフトウェアの世界では非常に重要になってきます。

エンジニアにしかわからないプログラムの美しさ

内部の品質の違いは、作った後の生産性に影響してきます。

たとえば、部屋の中が散らかり放題になっていて、どこに何があるかわからないような状態だとしましょう。何か作業をしようとしても、道具を探すのに時間がかかったり、作業する場所がなかったりする状態では、作業をしても生産性が良くありませんね。場合によっては、まずは掃除から始めないといけません。やりたいことの前に、よほど時間がかかってしまいます。逆に、いつも部屋が綺麗に整理整頓されていたなら、何か作業をしようとするときに、道具はすぐに見つかり、広い作業場所もあって、終わった後も片づけするにしても楽なはずです。

ソフトウェアの中身の品質は、外形的な品質に比べて、一覧化や数値化して把握することが容易ではありません。後々の修正をしやすくするためには、いかにシンプルな構造にして読みやすいものにできるかが求められますが、シンプルさや読みやすさには一定の正解がないためです。だから、点数をつけて合格ラインを決めることも難しいのです。

さらに難しくしているのが、その読みやすさの基準が、人やチームによって違うことです。背景にある要因は、扱う技術による違い、チームの人数やカルチャーによる違い、ハードウェアの性能が影響する実行時のコストの違いなど、さまざまあります。

プログラムの読みやすさは感性に近いものでもあるので、エンジニアたちの間では

「美しさ」と表現することもあります。優れたエンジニアになるほど、シンプルで美しいプログラムを書きたいと思っています。エンジニアたちは、独自の審美眼を持っています。ベテランになるほどプログラムの美しさがわかりますが、初心者のうちは美しさがわからないため、まだ良いプログラムを書けないのです。経験を積んで、多くの美しいプログラムに触れ、自分の書いたプログラムにレビューしてもらうことで、プログラムの美しさの感覚を得ていきます。これは、アートの世界に通じるものがあります。

だから、だれかによって作られたプログラムを改修しなければいけない場合、修正する当人が美しいと感じられないと、まず理解するのにとてもコストがかかるし、理解するための時間は苦痛になります。そして、美しくないと感じているプログラムに修正を加えていくのは、さらにストレスになるのです。

頭の中で仕事をするエンジニアにとって、ストレスがかかることは、著しく生産性を損ねることになります。これも、内部の品質が後々の生産性に与える影響の1つです。

クリエイティブな仕事の属人化を解決する

プログラムの美しさは数値化して計測することは難しいですが、だからといって個々人の美的感覚だけに頼っていては、少なくとも複数人のチームで開発するときは大きな問題になります。それぞれの感覚がズレていては、ソフトウェア全体で見た時の美しさ・読みやすさにはつながらないからです。

また、個人の美的感覚によってプログラムの修正のしやすさが変わってくるとなると、「だれが作っても同じにならない」ということになります。それは、マネジメントするうえでとても困ることになります。

実際のところ、短い時間で非常に美しいコードを書ける人もいれば、まだ初心者や経験の浅い人では相当に時間をかけてもあまり美しいコードが書けないこともありえます。それほど個人の力量の差が出るから、ソフトウェア開発は属人性の高い仕事といえます。

エンジニアではない経営者からすると、〝ソフトウェア工場〟のようなものを作ることができて、適切に人を採用していけば、質が揃ったプログラムが次々と生み出されることを夢想することでしょう。しかし、ソフトウェア開発は、そういった工業化された仕事ではないのです。むしろ、エンジニアごとに得意な技術やくわしい分野が違っているし、経験値の差で圧倒的な生産性と品質の差が出てくるクリエイティブな仕事なので、むしろ1人ずつの違いを活かすような、プロスポーツのアスリートやアーティストのマネジメントに近い考え方で取り組むほうがいいでしょう。

そうなると、マネージャーの悩みは「属人性の排除」になります。個人に依存することで、業務がブラックボックス化してしまい、品質や生産性を管理できなくなってしまいます。なにより、個人に依存するのは事業の継続性リスクがあります。

そこで、中身の品質を一定にするために、標準化や手順書の整備をしようと思いがちです。しかし、プログラムの書き方は最低限のルール化ができるとしても、シンプルさや読みやすさまで画一的なルールにすることはできません。

それに、その人ならではの創意工夫でシンプルに美しく表現するのがプログラムです。あまりにも型にはめすぎようとすると、むしろ優れたエンジニアから順に辟易としてしまい、場合によっては辞めていくことになりかねません。

属人化を解決し、中身の品質を担保するために、多くのエンジニアたちはコードレビューを実施しています。自分の書いたプログラムを、チーム内の他者に見てもらい、プログラムの正しさに加えて、読みやすさやシンプルさについても指摘しあうのです。互いに見合うことで、中身の理解と品質の向上が見込めます。

また、コードレビューを相互にしあうことで、1人だけが理解している状態から抜け出し、個人の成果をチームの成果に昇華することができます。良いプログラムの書き方についても、チーム内で認識を揃えていくことができるのです。

マネージャーが取り組むべきなのは、だれがやっても同じ結果になることではありません。個々人が成果を発揮しつつも、コードレビューを徹底化して、チームの成果や知見としていくことです。

5章

プレッシャーをかけても生産性は上がらない

「そこをなんとか、来月までに間に合わせるよう頑張れないかな？」

「そうは言っても、もう今以上の生産性は出すのは難しいかと……」

「でもさ、プロジェクトなんだからＱＣＤ、つまり品質・コスト・納期のバランスを考えてほしいのね。で、今は納期が厳しいんですよ。ほら、社外の関係者にも、日付の案内を出しちゃってるから」

「……でも、以前にも難しいとお伝えしましたよね？」

「うん、わかるんだけど、ビジネス的には仕方ないっていうか、そこを考えてほしいんだよねぇ。大変なのは重々承知なんだけど」

「……わかりました。リリース前に予定していたライブラリのバージョンアップは後回しにするのと、今回のテストコードは割愛し、コードレビューも最小限でいくことにすれば、今回だけはなんとか間に合う……とは思います」

「お、さすがですね。ま、今回は品質に関してはあとからリカバリーでもいいんで、まずはリリースお願いします」


そして数ヶ月後……

どうも以前に比べて生産性が落ちてしまっているように感じる。いったい、何が起きているんだろうか？

急がせたところで速く作ることはできない

締切があると、どうしてもプレッシャーを与えてでも開発を急がせたくなるのもわかります。ビジネスである限り、タイミングが重要なこともあるでしょうし、対外的な約束を交わしてしまっていることもあるでしょう。

だからといって、エンジニアたちにプレッシャーを与えて、一時的に生産性を上げるために「作り方」で妥協させてしまったら、それはあとになるほど生産性を下げてしまう原因になりうるのです。

開発チームにプレッシャーを与えると何が起きるのでしょうか。プログラミングはクリエイティブな仕事なので、手を動かせば動かすほど成果が出るわけではありません。頭を動かす仕事では、急いだからといって速く成果が出ないのです。

であれば、何かを妥協するしかありませんが、ユーザーが利用する機能やデザインは妥協できないでしょう。そうすると、プログラムそのものの中身の品質を妥協せざるをえません。たとえば、プログラムの読みやすさは、妥協しやすいものの1つです。もし、そうしたプログラムの読みやすさなど中身の品質を妥協すれば、一時的には生産性は上がるでしょう。たとえ中身がぐちゃぐちゃでも、外から見て動作についてしっかりテストすれば、問題なく動くようにもできます。それ以降は使い続けることがないならば、それでもいいでしょう。

しかし、そのプログラムを使い続けるとしたら、改修や修正は発生するものです。そうしたときに、中身の品質が悪い状態では、改修や改善に多大な時間がかかるようになります。たとえば、似た機能があったらコピーして作ってしまえば速く作ることはできます。しかし、もしコピーしたプログラムに不具合が見つかったら、それをコピーして作った部分をすべて改修しなければいけなくなりますが、それは大変なことです。

一時的な妥協は、永遠の負債になる

一時的に妥協した品質はあとからリカバリーできるものかというと、そうかんたんにはいきません。

第3章でもお伝えしたように、プログラムで新しい機能を開発する際には、すでにある構造の上に積み重ねるように作っていくものです。だから、一時的にでも読みにくかったり、意図がわかりにくいプログラムがあったとして、そこをリカバリーするためには、多くの場合、その上に積み重ねたプログラムをすべて作り直す必要が出てきます。建物だとしたら、土台がグラグラのまま、新しい部屋や2階、3階と増築していったとしたら、その土台だけをあとから改修するのは難しいのと同じです。上に積み重なる機能が増えていけばいくほど、その土台からの改修には重ねた機能の分だけコストがかかるようになります。

プレッシャーに負けて一時的に妥協したとして、その直後に妥協して作ったものと同じ機能を、妥協しない品質で、時間をかけて開発し直すことができれば理想ですが、それは事業側の人間からすると受け入れることは難しいでしょう。「そのコストは新しい機能の開発にかけてほしい」と思うはずです。しかし、そうして積み重ねていくほどに、土台からの改修にはコストが増大するため、さらに土台の脆弱さに目を瞑りながらも、また機能を積み重ねていくことになります。

そうして数年が経つと、「これ以上は機能を追加するのにどうにも手を出せない」状態になってしまうのです。エンジニアたちは、そうした状態のソフトウェアに機能を追加することに大きな不安とストレスを抱えることになります。

このようなプレッシャーなどによる一時的な妥協は、借金や負債のようなものとして、「技術的負債」と呼ばれます。この負債は、放置すればするほどに、利子がかさむように膨らんでいき、返済にかかるコストが大きくなっていくので、いつか破綻を招きます。つまり、乱雑・複雑に作ってしまったものをシンプルな状態に戻すのは不可能に近いと考えたほうがいいでしょう。

では、どうすればいいのでしょうか。「最初からずっとシンプルに作り続ける」ことが最善手といえます。もしくは、「少し作っては、シンプルな状態を維持できるように手を加え続ける」ことです。シンプルな状態を常態とするのです。

よって、プログラムをシンプルな状態に保つためのコストと期間は、ソフトウェアの機能を作るうえで欠かせないものとして、最初から織り込んだ見積もりと計画にしておかねばなりません。

作れば作るほど、生産性は落ちていく

ビジネスが順調に成長するにつれ、必要な機能やソフトウェアをどんどん作りたくなってくるものです。開発チームには無理をさせないようにしながらも、順次、新しいものを作っていくような計画を立てたいと考えるはずです。しかし、そうはうまくいきません。

「ソフトウェアや機能は、一度作ってしまえば、あとは動かし続けるだけなので、それほど人手はかからない」

そう思われがちですが、まったくそうではないのです。

まず、クラウドで動くソフトウェアの場合、そのソフトウェアの機能が安定して動くかどうか、ユーザー数が増えても問題なく動くかどうかなど、その運用に一定のコストがかかります。もちろん、コンピュータが動いているだけなので、ずっと目をかけている必要はありませんが、何か起きた時に対応できるような余裕と体制を作っておく必要があります。

そして、障害やトラブルが発生した時に、個人のコンピュータのように再起動するだけで復旧するなら手順書を用意して外部に委託もできますが、それでは済まない場合は根本的に直すことになり、開発チームの手間が必要になります。そうした際にも、読みやすさなど内部の品質が影響を与えます。

しかも、ただ安定的に運用をしていればいいわけではありません。ソフトウェアの場合は、構成する部品や基盤の継続的なバージョンアップが必要になります。バージョンアップ作業というと、使っているパソコンやスマートフォンのバージョンアップのように「時間は多少かかるけど放置すればいい」ようなイメージで、それほど大変ではないと思うかもしれませんが、違います。自分たちで開発しているソフトウェアのバージョンアップはかんたんではありません。

ソフトウェアはさまざまな部品から構成されており、その部品それぞれにバージョンアップしたものが公開されていきます。セキュリティに対応するためにも、部品を1つ1つ新しいバージョンに置き換えていく必要があります。それだけでも大変なことですが、新しい部品に置き換えてもソフトウェアの動作がおかしくなっていないかは、その都度自分たちで確認する必要があり、それだけで相当なコストがかかります。

このように、運用・不具合の対応、バージョンアップ、ほかにはユーザーへのヘルプ対応など、システムや機能が増えるに従って、お守りをするコストがかかっていきます。そうすると、当初の人数のままでは、いずれ全員のリソースが既存システムの対応にかかってしまい、新しい機能を作る人手がいなくなってしまうことになります。

そのため、生産性を維持し続けるためには、人を増やし続けるしかありません。しかし、第2章でお伝えしたように、人を増やすと、コミュニケーションコストや、人

5-1図 › システムや機能が増えると
コストが増えていき、リソースの余裕が
減っていく

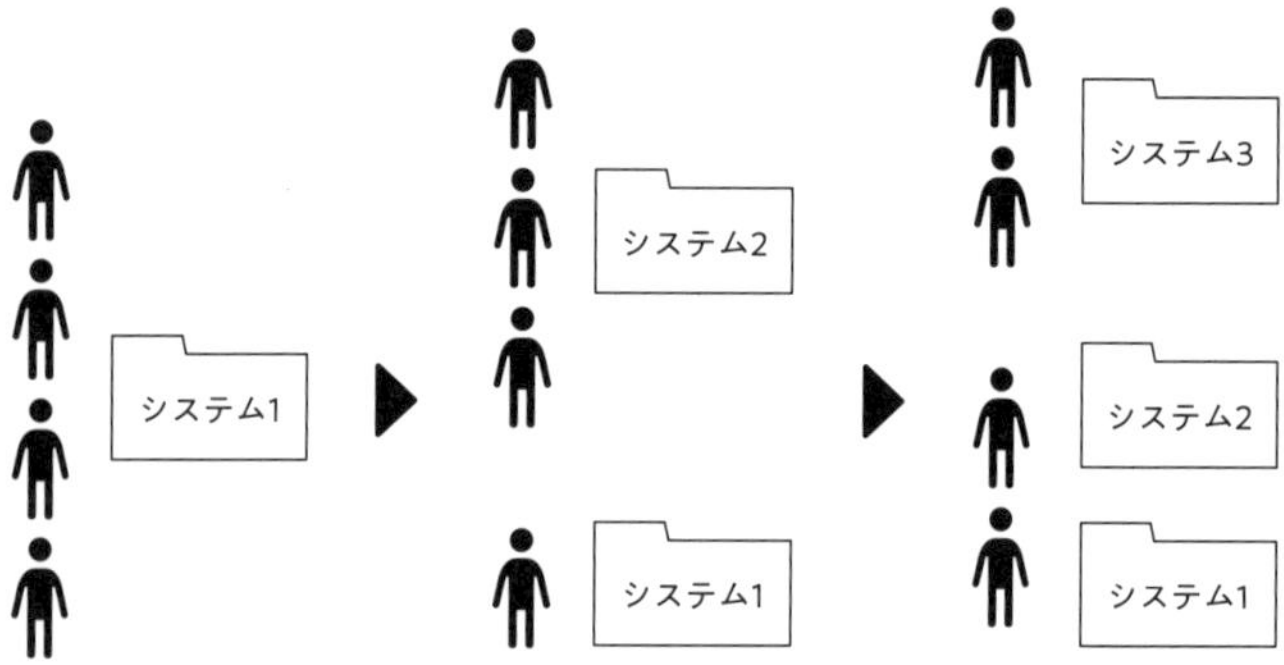

システム1は4人で
作るので速い

1人はシステム1の
面倒を見るので精
一杯。
システム2は3人で
作ることになる

1人はシステム1と2
の面倒を見るので
精一杯。
システム3は2人で
作ることになる

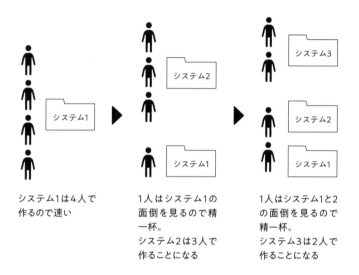

間関係の複雑さが増すことになります。よって、適切にシステムを分割していく必要がありますが、そうした場合、またチーム間のコミュニケーションを考える必要が出てきます。そういった手当をし続けることも、ソフトウェア開発のマネジメントといえます。

生産性が上がる仕組みを作ることは投資

バージョンアップを大変なものにしている1つが、動作確認のテストです。中身の部品をバージョンアップするというのは、中身だけ入れ替えるのと同じです。入れ替えたとしても、以前と同じ動作をしてもらわないと困ります。それを確認するのが動作テストになります。

そのために、コンピュータによるテストの自動化は欠かせません。人間が手でポチポチと確認していったら時間と労力がかかるものを自動化するわけです。ただし、コンピュータは指示されたとおりにしか動けないので、最初にテストのプログラムを作るコストはかかります。

この自動テストの仕組み、納期の締切の時間的なプレッシャーがあったときに、手動でテストをするのか、それとも自動テストの仕組みを作るのか、判断に迷うときがあるのです。もちろん、自動テストのほうが後々いいのはわかっていても、です。

仮に一度きりでいいのであれば、「えいや」で手動テストしてしまったほうが速いときもあるでしょう。しかし、一度でも手動でやってしまうと、同じように次からも締切のプレッシャーに負けて手動でテストすることになってしまいがちです。

人間が何度も同じことをやっていれば、ミスが発生するし、バラツキも出てきてしまいます。そうすると、テストの精度が落ちて、不具合がすり抜けてしまうリスクも増します。自動テストの仕組みは、作るのは大変で時間もかかるのですが、仕組みを作らないと何度もあとで大変になってしまうのです。時間的なプレッシャーがあるにせよ、自動テストの仕組みは欠かさないような時間のゆとりを入れておくことも、マネジメント上、大切なことです。

楽をするための苦労はいとわない

「楽をするための苦労はいとわない」

これはエンジニアたちの中でよく言われる言葉です。

優れたエンジニアになるほど、自分の生産性を上げることに関心があります。無駄なことはしたくないし、楽をしたいという気持ちがあるのですが、そのためなら努力することや面倒なこともできるというのです。そんな少し変わった特性があるのもエンジニアです。

目の前の生産性を上げるのか。

それとも、生産性を上げる仕組みを作るのか。

どちらが大事なことでしょうか。

ソフトウェア開発においては、後者です。ソフトウェアは一度作って終わりではないので、生産性を上げる仕組みを作っていくことは、あとになるほど影響を与えます。よって、生産性を上げる仕組みを作るための時間を用意することは心得ておきたいものです。エンジニアの時間をすべて目の前の仕事の消化に充ててしまうと、生産性はずっと向上しません。

この考え方は、エンジニアに限った話ではなく、現代の多くのビジネスパーソンにも適用できるのではないでしょうか。ずっと同じ生産性のままではなく、仕事の生産性を上げていくことで、より多く、より複雑な仕事にも取り組めるようになり、自分の価値も高まり、組織への貢献もできるようになります。そのためには、ただひたすら仕事に取り組めばいいわけではなく、仕事のやり方やプロセスを見直すことが欠かせません。

その取り組みを、私たちの会社では「ふりかえり」と呼んでいます。たとえば、週に一度、1時間は「ふりかえり」の時間をとって、仕事を通じて経験したことから抽象化・言語化することで学びにして、次の仕事に活かすようにしています。週に1時間を「ふりかえり」にあてるのは、目の前の仕事を考えたらコストですが、そこで生産性が少しでも上がれば、積み重なっていくことで、長い目で見れば取り返すことができます。

6章

見積もりを求めるほどに絶望感は増す

「こちらの機能ですが、ざっくり見積もると、どれくらいですか？」

「（ざっくりって難しいんだけど……）うーん、2～3週間、いや1ヶ月くらいですかね」

「（むむ、もうちょっと頑張ってほしいけど……）わかりました、それでお願いしますね」


2ヶ月後……


「すみません、リリースが遅れてしまって……。最初の見積もりが甘かったみたいです」

「今回は仕方ないですね。次は頼みますよ」

「はい。頑張ります」

「それで、次のリリースに向けた機能の見積もりはどんな感じですか？」

「ええっと、次はですね……3ヶ月、いや、4ヶ月ほどかかりそうです」

「えっ？　そんなにかかるんですか？　この前に作ったのと似た機能だと思うのです

けど」

「そうですね、やはり前回の遅れてしまった轍を踏まないように、今回しっかりとリスクを考慮したので……」

「なるほど、だったら仕方ないですね（それにしたって、見積もりが大きすぎる気がするけども……）」

なぜ、正確な見積もりが出せないのか

「ソフトウェアを開発するのに、どれくらいの時間がかかるのかざっくり知りたい」

事業側の人間は気軽に言いがちですが、それがエンジニアにとってはとてつもなく難しいことだとは知られていません。

ざっくりの見積もりだと外れてしまうのは、次のようなケースです。

詳細までの仕様を把握しきれなかった

顧客管理のシステムを作ろうとして、姓名を入力できるように作る想定で見積もったものの、実際に作り始めて入力のテストの段階になってミドルネームが必要だったことがわかるようなイメージです。こうした凡ミスは実際にはありませんが、動かしてみてはじめて必要な機能がわかることはあります。

例外的な処理を把握しきれなかった

ECサイトで買い物の機能を作る場合、通常ならば注文処理を実施すればいいのですが、実際の業務には返品処理があったり、後払い処理があったりします。そうした例外的な処理まですべて把握していなければ、正確な見積もりは出せません。

想定していた技術が使えなかった

最新の技術を扱う前提だった場合、まだ成熟していないことがあったりして、実際にプログラミングする段になって、想定どおりに使えないこともあります。

担当する人によってばらつきがある

同じ機能のプログラムを作るにしても、作る人によって品質もスピードも違ってきます。また、たとえ同程度の技量の人であっても、人が集まって仕事をするので、コミュニケーションにかかる時間も人数や状況、人の性格によっても変わってきます。

これらを見越した見積もりは、現実的ではありません。

たとえば、東京に自宅があるとして、そこから富士山の頂上まで登ることを見積もってみるとしたらどうでしょうか。地図があって直線距離がわかったとしても、途中の道筋は直線ではないし、高低差だってあるし、どの乗り物に乗るか、それを何人で行くのか、行く人の年齢や体力によっても変わってきます。さて、ざっくりと見積もれるでしょうか？

一方で、見積もりの精度を高めるために、どこまでも詳細に考えていくとしたら、その時間はもはや実際にかかる時間と変わらなくなります。つまり、限りなく正確な見積もりは、実際にやってみることでしか出せません。

扱う技術要素も、日々進化しています。よく使われるソフトウェアほど常にバージョンアップしており、新しい技術のほうが便利で使い勝手も良くなっているので、使う側も新しい技術を使いたいと思うものです。しかし、新しい技術にはどのような問題や癖があるのかわかっていないので、見積もりを困難にします。

さらに言えば、実際に開発を進めていくと、事前に考慮していた動作では整合性がとれないことが発覚して、作ろうとしていた仕様自体を見直すことさえあります。それを見直さずに無理して作ろうとしても、想定以上のコストがかかるうえ、複雑に作ってしまうと先々で修正する際に直しにくくなってしまいます。仕様を見直すにせよ、無理するにせよ、いずれの場合も、見積もったときとは状況が変わってしまいます。

見積もりを守るためのバッファの功罪

「いつも計画どおりにいかない」
「もっと正しい見積もりがほしい」

そのように事業側の人間としては考えるのもわかります。ビジネスである限りは、顧客やユーザーがいるので「いつできるかわかりません」では真っ当な仕事とは言えないからです。

厳密に知りたいわけではないので「ざっくりと」という言葉を使うのでしょう。そうは言っても、エンジニアにしてみると、見積もりは〝約束〟に近い感覚があるため、かんたんには出したくないのです。

もし、厳密に見積もりを求め、そこで想定した計画を守ることを強く求めたとしたら、いったいなにが起きるのでしょうか。

不確実な状況が多数ある中で、守れる見積もりを出すとしたら、最大限にリスクを盛り込んだものにしたくなるはずです。つまり、絶対に見積もりを守ってもらいたいと望むならば、エンジニアたちは絶対に守れる見積もりを出してくることになります。そうなると、想定していたよりもずっと大きな見積もりになってしまうでしょう。

特に若いエンジニアによくあるのが、見積もりを外すことがあったときの反省で

「見積もりが甘かったです」という言葉が出ることです。そうすると、次に取り組むのは、もっと守れる確率が高い見積もりを出すことになります。今まで以上に不安要素やリスクに対して敏感になって、考慮したうえで見積もりを出す。そうすると、見積もりは守れるかもしれないけれど、生産性は落ちることになってしまいます。見積もりに失敗するたびに、より精度の高い見積もりを出そうとするほどに、どんどんと見積もりが膨らんでいくことになりかねません。そんなことは、だれ1人望んでいないのにも関わらず。

優れたエンジニアになるほど、実現するために起きうるリスクや不確実さに敏感になり、さまざまなケースを考慮することができるようになります。だからこそ、ざっくりの見積もりではバッファを積まざるをえないけれど、ただリスクとして詰んでいて、問題が起きなかったときは速くできることもあるといった振れ幅があるため、誠実な人ほど見積もりが苦手に感じる人が多いのです。

一方で、なんの根拠もなく、直感に近い感覚でのざっくり見積もりは、本当に外すことが多いのも事実です。以前に取り組んだシステムと似たようなシステムを作るとしても、まったく同じシステムになることは実際のところありません。もし完全に同じなら、共通化された市販のサービスとして提供されているでしょうし、それを利用すればいいはずです。

なによりも「ざっくり」の恐ろしさは、大きな単位のまま見積もろうとする姿勢です。詳細まで考えようとすると、相当に時間がかかりそうなのはわかるかもしれないものを、あまり分解せずに見積もろうとすると、エンジニア自身でさえも、楽観的な見積もりを出してしまいがちなのです。

そして、優れたマネージャーは、それを見越してバッファを積むわけですが、エンジニアではない人が積むバッファにまったく根拠はありません。そのうえ、余裕を持って作られたスケジュールは、たいていの場合において、スケジュールいっぱいまで仕事をしてしまうものです。これは、「パーキンソンの第1法則」として知られています。

見積もりと約束が〝受発注〟の関係を作ってしまう

バッファを積むことはだれも望んではいないのに、ソフトウェアの見積もりにおいてはバッファを積まざるをえない状況が生まれてしまいがちです。それは見積もりに〝約束〟の意味合いを含んでしまっていることがあるからです。そして、その背景にソフトウェアを必要としている事業側の人間と、ソフトウェアを作る開発側の人間の間に、頼む側と頼まれる側の関係性があるからです。

つまり、受発注のような関係になりがちなのです。システム開発をアウトソースしている場合は、システムを求める事業会社と開発会社の間が受発注の関係になるのは当然ですが、事業会社の中で内製している場合でも、受発注に似た関係と構造になってしまうことがあります。システム開発は非常に専門的な知識とスキルを要する仕事であるため、事業側の人間からするとどうしても何もかもがわからなすぎて、「エンジニアに依頼する」という形をとらざるをえないことから、受発注に似た構造になってしまうのです。

そうして受発注の構造になってしまうと、システム開発という不確実性の高い仕事に対して、依頼する側は確実な見積もりと約束を取りつけたくなってしまうのです。しかも、エンジニアがしている仕事の中身がわからないので、せめてアウトプットは確約することで少しでも損しないようにしたいと考えてしまいがちです。

また、受発注の構造では、開発するエンジニア側も「依頼されたものを期限内に作る」ことだけが仕事になってしまいます。開発側のゴールがシステムを作ることとなれば、「より良いものを作っていく」ような試行錯誤は難しくなりますし、何より「約束としての見積もりを守る」ことを最優先にしてしまい、プログラムの読みやすさなどあとから効いてくる取り組みをする余裕もなくなります。そして、約束を守るために、見積もりにバッファも積んでしまうことになります。

そのような関係でシステムを作って、はたして本当に価値を生み出せるのでしょうか。

システムは、動いただけでは価値はありません。そこまでにかけた時間やコストを考えると、マイナスからスタートです。システムを作ることだけをビジネスとしていたら、動きさえすれば「価値があった」と捉えられますが、それはシステムを使う事業側にとっての価値ではありません。

システムに期待される本来の価値は、使うことによって、業務であれば効率が向上したり、ユーザー向けのものであれば利便性を高めたり、楽しさやエンターテイメントを提供することです。システムは、事業や活動が内包している一部なのです。

事業側と開発側が〝協働〟の関係を築く

システム開発で目指したい姿は、依頼する側と開発する側の受発注の関係ではなく、事業や活動のミッションを達成するための〝協働〟の関係です。

事業側の人間は、ソフトウェアの特性を知ったうえでシステムの構造や開発プロセスを理解する。

エンジニアは、言われたものを作るだけでなく、作っているシステムがどう使われるかを理解する。

そういう関係です。

事業側と開発側が受発注の関係ではなく、共通のゴールを目指す同じチームとして協働の関係を築くためには、システムを作ることだけを目的とした体制やマネジメントをしないことです。あくまで事業や活動があり、その成長や成果のためにシステムを作るとするのです。

そのためには、まず「大きな機能の見積もりは、あくまで見通しである」というスタンスでいることです。一度に機能も期間も大きな約束をして、あとは出来上がるのを待つのではなく、1~2週間の単位で少しずつ確認しながら作っていくのがいいでしょう。それぐらいの期間であれば、どれくらいの進捗を出すことができるのかは精度を高めに見積もることが可能です。エンジニアではない人間からすると、エンジニアたちが何をしているのかわからないため、きちんと頑張っているのかどうか不安になるわけです。しかし、ある程度の頻度で、作るべきサイズを小さくすれば、進んでいるかどうかは確認できます。

ポイントは、「機能ありきで期間を見積もる」のではなく、「期間ありきで機能を見積もる」ことです。限られた人員と期間の中で、できる範囲で動くシステムを作っていくこと。それを、エンジニアだけで進めるのではなく、事業側の役割を持った人間も含めたチームとして確認して進めていくことです。

エンジニアも含めたチームになるためには、事業や活動がどういった目的で、どんなビジョンを描いているのか、そこから共有しましょう。エンジニアたちも、何も言われたとおりに盲目的に仕事をしたいと思っていません。自分たちが作るシステムが、何のために必要とされているのか、どういった形で使われるのか、知っていたほうが貢献意欲も高まります。

また、チームとなることで、「何を作るのか」を決めてからエンジニアに依頼するのではなく、「何を実現したいのか」から相談することになります。その段階からエンジニアが入ることで、より開発のコストがかからない実現方法を選ぶことができることもあります。依頼ではなく相談することも、受発注ではなく協働関係を作るうえで重要です。

そして、開発したシステムは順次、使い始めていくようにしましょう。システムは作っただけでは意味がなく、使い始めて価値を生み出します。また、ユーザーに使ってもらうことでさまざまなフィードバックを得ることができ、そこから修正して改善することができます。

逆に言えば、すぐに使わない機能は、前もって作っておく必要がないということです。使われない機能をシステムの中に内包しておくのは、無駄な複雑さを取り込んでしまうことになってしまいます。小売業で言えば、売れない在庫を抱えておくようなものです。

「納品」をなくせばうまくいく

このように、常に動くシステムと事業を共に見ていくことで、協働関係を築くことができます。事業会社の内製メンバーであれば、このような形を採れる一方で、システム会社に委託して開発してもらう際に、従来どおりの一括請負で発注すると、納品して終わりの関係にならざるをえません。

「内製できる人材がいないけれど、内製のように協働関係でシステムを開発していきたい」

そんなニーズに応えるため、たとえば著者の会社では月額定額の顧問型サービス「納品のない受託開発」を提供しています。また、業務改善のクラウドサービスkintoneを提供するサイボウズでは「伴走パートナー」という形で、納品を目的としない継続的な支援をしていく形を推奨しています。

7章

一度に大きく作れば得に見えて損をする

「次のマイルストーンは、いよいよ期待の機能ですね」

「ええ、やっと技術的な負債も解消してきたので取りかかれます」

「これはユーザーも期待の機能なので、頑張ってください」

「はい」

「ちなみに今回、せっかくなので、この機能も入れたいんですけども……」

「なるほどですね、いいかもしれません」

「そうなると、この機能もあわせて作ったほうが効率がいいかな、と」

「えっと、欲しい機能を小出しにされるよりも、いったん全部教えてもらえますか？」

「じゃ、ひとまず考えてるのを出しますね」


数ヶ月後……


「進捗どうでしょう」

「はい、頑張って進めてます。ただ、やはり機能が大きいので時間が……」

「そうですね、待つしかないですかね」

「はい……（まったく見通しが立たないなんて言えない……）」
「わかりました……（プロジェクトの終わりが見えない……）」

プロジェクトが大きくなるとうまくいきにくいのに、なぜプロジェクトは大きくなってしまうのか

ソフトウェア開発のプロジェクトに限りませんが、大きなプロジェクトになるほど、うまくいかない可能性が高まります。大きなソフトウェアを作る大きなプロジェクトになると、実際に使われるまで開発している期間が長くなるので、事業側はずっと完成を心配しながら待ち続けることになります。

開発側にとっても、開発期間が長くなると何も価値を生み出せていない状態が続くので、精神衛生的にもよくありません。なによりも、大きなプロジェクトは、進捗確認も大まかになってしまいがちです。長くかかるとしたら、どうしてもプロジェクトの最初のうちは慌てることなく、精緻に確認しようとはなりません。

そもそも、大きなプロジェクト全体を初期段階で終盤まで精緻に確認することは不可能に近いでしょう。作ろうとしている開発側でさえ詳細の把握が難しいとなれば、

進捗を確認されたときに「3割ほど」「40％ほど」といった曖昧な表現をせざるをえなくなります。しかし、ソフトウェア開発は手を動かしただけ進捗するものではないので、根拠のない割合で確認することに意味はありません。

このように大きなプロジェクトはうまくいかない可能性が高いのに、どうしてプロジェクトは大きくなってしまうのでしょうか。

ソフトウェアを作ろうという時は、最初に構想を考えます。その時点における将来の構想なので、どうしても大きな夢を詰め込んでしまうものです。それ自体は悪いことではありません。社会や事業を大きく発展させる夢を描くことは、何かを成し遂げるときに欠かせないものです。しかし、その構想を実現するために必要なソフトウェアを作ろうとするとき、要件にもたくさんの夢を詰め込みたくなってしまいます。その結果、完成までにものすごく時間のかかるような大きなソフトウェアを作ることになるのです。

最初の要件に機能を詰め込んでしまうと、どうしても見積もりが大雑把になってしまいます。1つ1つの機能を複雑さやリスクまで考慮したらそれなりの見積もりになるものでさえも、大きな塊として捉えたら、ベテランの開発者でさえ「なんとなくいける」ような楽観的な見積もりになってしまいがちです。

また、夢を詰め込んだソフトウェアを作ろうというときに、「現実的には難しい」と水を刺すようなことを言うのは心理的にも抵抗が生まれてしまうのは仕方ないことです。しかも、構想を考えるところから一緒にいたとしたら、なおさらでしょう。


そうしてたくさんの機能を詰め込んだ大きなソフトウェアの設計では、その機能が本当に必要かどうかを慎重に判断することもできなくなりがちです。多少、優先度が低い機能であっても、「多数のうちの1つ」と思えば、詰め込んでもいいのではないかと気持ちも緩みます。また、たくさんの機能を作ることを考えたら、なんとなく「一度に作ってしまったほうが効率が良くなりそう」な気がしませんか。

それは、ソフトウェア開発においては大きなまちがいなのです。

物理的な製造が伴う場合などは、材料の調達を考えると、小規模で作るよりも大規模にしたほうが経済合理性が高くなります。大量の作業をする場合も、量が多いほうが効率は良くなります。たとえば書籍の印刷であれば、小ロットで印刷するよりも、数を多く刷るほど割安で印刷できます。

しかし、ソフトウェア開発には、その理屈はとおりません。まずソフトウェア開発には調達が必要な材料がありません。すべては頭の中で作られます。そして、繰り返しの作業もありません。どれだけ大規模なソフトウェアであっても、すべて違う機能の組み合わせで作られています。大規模なソフトウェアは、所詮は小さな機能をたくさん作ることになるので、楽にはなりません。大量に作るから安くなることもありません。むしろ、たくさんの機能を作ることで、処理の共通化や、全体の整合性、条件の組み合わせを考えると、複雑さが指数的に増えることになります。

よって、ソフトウェア開発において、大規模なプロジェクトにすることのメリットは「ない」と断言しても過言ではありません。

ソフトウェア開発はギャンブルのようなもの、大きく賭けると大きく失敗する

ソフトウェア開発のプロジェクトは、不確実さとの戦いでもあります。〝プロジェクト〟と言いつつも、ソフトウェア開発は製造ではなく、試行錯誤が不可欠な研究開

発に近いため、予算と期間の中でまちがいなく進むことを管理するスタイルのマネジメントは向いていません。

たとえ要件が決まっていたとしても、作ろうとしているプログラムが想定どおりに動くこともあれば、なぜか動かないなんてことも起きてしまいます。なぜか動かないトラブルは、即座に解決できることもあれば、半日ほど悩んでも解決しないこともあります。これはちょっとした凡ミスで起きたりするものですが、なかなか気づけずに時間が溶けることもしばしば。それなのに、だれかに相談したら一瞬で解決することもあります。そんなことが日常茶飯事で起きるのが、ソフトウェア開発なのです。

しかも、要件どおりに作ったからといって、本当に役に立つものになっているかどうかはわかりません。ユーザーに使ってもらい始めてから、より役に立つように変えていきたいものです。その時こそ、正解はないので試行錯誤を繰り返しながら、少しずつ良くしていくしかありません。これも、どこまで続ければ終わりにできるのか明確な指標がありません。このように、プロジェクトがうまくいくかどうか不確実性が高すぎるので、まるでギャンブルのようなものと考えてもいいぐらいです。

いっそ、ソフトウェア開発のプロジェクトをギャンブルだと考えたら、どうでしょう。ギャンブルなら、不確実さの高いものに大きく賭けるのは、リスクが大きすぎます。つい得られるものを考えて、大きく勝負に出たいと思うかもしれませんが、よくわからないまま賭けるのは勇気とは言えません。一度の勝負で勝敗を決めようとするのではなく、何度もチャレンジできるように、小さく賭けるほうがいいでしょう。

小さくすれば不確実さを下げられる

大規模なソフトウェアは、一度に作るのではなく、小さなソフトウェアに分解し、小さなプロジェクトとして何回かに分けて進めていくことで、失敗のリスクを小さくすることができます。それも、実際に動くところまでをゴールとしたプロジェクトにすることが肝要です。ソフトウェアは動いてこそ価値があり、使ってこそ直したい箇所が見つかるからです。

そして、何度も打席に立ち、自分たちのプロセスや取り組み方に学びを得ることで、ソフトウェア自体の不確実さは解消されないにせよ、進め方のノウハウが溜まることで成功確率を上げていくことができます。同じチームで、小さなプロジェクトに何度も挑戦していくことで、チームビルディングも進むでしょう。

うまくソフトウェアを分割できれば、別々のメンバーの小さなプロジェクトを並列で進めることもできるようになります。それによって生産性を高めることができます。ソフトウェアを分割すること自体は難易度が高いですが、それこそエンジニアの腕の見せどころです。

小さなプロジェクトにできれば、大規模に比べて相当に不確実さを下げることができます。むしろプロジェクトの初期段階において、できるだけ小規模だからこそ詳細まで詰めておくことができれば、ほぼまちがいなく予定どおりに進めることができます。逆に言えば、詳細まで詰められるぐらいの大きさのプロジェクトにしたほうがいいということです。

「小さく分割したことで、当初よりも予定が大幅に伸びそうだ」

そう感じることがあるかもしれません。しかし、もし小さなプロジェクトを並べたことで、大規模プロジェクトよりも長い計画になるのだとしたら、じつは大規模プロジェクトの見積もりが外れていて、そもそもそれくらいはかかるものだったのです。

小さく作って、大きく育てられるのがソフトウェア

「あとから機能を追加するのは難しいだろう」

どうしても最初にたくさんの機能を詰め込んでおきたいと考える背景の1つに、そんな考えがあるのではないでしょうか。実際、従来のソフトウェア開発の仕方だと、いったんリリースしてプロジェクトが解散したあと、受託開発の会社に頼んでいたら、納品されてから新しい機能や要望を伝えても、難しいと言われることはめずらしくありません。

なぜ、そうなってしまうのか。その理由の1つは、ソフトウェアの特性を活かした作り方や体制で開発していなかったからです。本来のソフトウェアは、物質に依存す

るハードウェアと違い、あとからでも変えていくことができるものです。

たとえば、家を建てることを考えると、家そのものが完成するまでは住むことができません。基礎工事をして、支柱となる骨組みを建て、壁や窓やドアを作って、内装を整えて、水道ガスなどライフラインが通って、やっと住むことができます。そして、一度建てると、そうかんたんに窓の位置を変えたりすることができません。

一方で、ソフトウェアの場合、いずれたくさんの機能が必要だとしても、必要最低限の機能から作って、使い始めることもできます。家のようにソフトウェアにも土台（フレームワークといいます）となる部分が必要ですが、今は世界中の優秀な人たちが土台を作り、多くの人たちが使っているものを、ほぼ工数をかけずに使うことができます。もちろん、使いこなすだけの知見は必要ですが、知見さえあれば作業は一瞬です。土台に最低限必要な機能だけをつけたソフトウェアを作れば、実際の利用者に提供するかどうかは事業的な判断になりますが、少なくともエンジニア以外の事業側の人間は動きを試すことができます。

動きを試せれば、その機能がはたして本当に欲しかったものかどうか確認することができます。ソフトウェアの構想をしているときは「絶対に必要だ」と考えていた機能でも、実際に触ってみるとそれほどでもなかったと思うことは多々あります。見た目は紙芝居のようなものであっても十分で、あとから完成度を上げていくこともできます。

逆に注意点としては、見た目だけは動くものをかんたんに作ることができるので、動いているからといって「もうできてるじゃないか」と思ってしまわないようにしてください。その状態から、裏側の整合性をとって、あとから拡張しやすくするようなプログラムにするには、見た目だけを作るよりもコストがかかるからです。

早い段階から実際に動くソフトウェアで試すことができれば、事業側は想像で考えていたものが確かなのかどうかを知ることができます。想像と現実の違いを手触りをもって学ぶことができれば、本当に必要なものは何か、より精度を高めて見極めていくことができます。最後の最後になって「こんなはずじゃなかった」なんてことがなくなるのです。

こうして、少しずつ確信を持ちながら少しずつ進めていくのは、新規事業や業務改善においてて欠かすことのできないアプローチになります。また、最低限の機能であっても実現できたとしたら、プロジェクトをマネジメントしていくうえでのリスクを大いに下げることができます。「何も動かない」という最悪の事態を避けることができるだけで、安心感が違います。

小さく作って、育てていけるようにするためには、ソフトウェアを美しく、あとから改修しやすいシンプルな状態のままで作っていくことが欠かせません。

プロジェクトを小さくするために、作ろうとする機能の範囲を限定する

ソフトウェア開発のプロジェクトにおいて、その開始時に確実な見積もりを出すのは不可能であることは、ここまでの説明で理解してもらえたのではないでしょうか。非常に不確実性の高い状態からスタートすることになります。その不確実さを残したままプロジェクトを進めていくのは、事業側やマネジメントする立場の人間からすると不安が残り続けます。もちろん、開発しているエンジニアたちにとっても、不安なまま進めることは生産性に影響を与えます。

そこで、確実にわかるように、プロジェクトを小口化していくのです。プロジェクトを小さくするために、作ろうとする機能の範囲を限定します。その範囲を「スコープ」と呼びます。スコープを狭くすることで、ゴールまでの見通しをクリアにします。たとえば、「Twitter みたいなＳＮＳを作りたい」という要望に対しての見積もりは、相当に難しくなります。スコープが広すぎて、いったいどこまでの機能と性能が必要なのか不明確だからです。それが「Twitter のように時系列に発言が並ぶようにしたい」くらいであれば、もう少し明確になって見通しを立てやすくなります。

扱う技術要素で不安があれば不確実さにつながるため、事前に技術検証をしてみるといいでしょう。作ろうと考えている仕様に不明確な部分があれば、事業側と話し合って明確にすることです。

スコープを狭めて、技術や仕様で不明確な部分をなくすことで、できるだけゴールまで躓きそうなところはなくして道筋をつけておくようにするのです。そうすることで、ほぼまちがいのない見積もりになり、非常に安心して進めることができるようになります。

ただし、「仕様を明確にする」と言っても、何も日本語の設計書として用意する必要はありません。その仕様をプログラミングするエンジニアが、直接コミュニケーションして理解できれば十分です。そもそも、仕様を把握する人間とプログラミングする人間は同一人物であるべきなのです。

不確実性の高い状態を解決するために、人を増やそうとしてもうまくはいきません。むしろ、より不確実性を増すことになりかねません。ポイントは、作りたいものを全部、一度に作ろうとしないことです。無駄なものを作らず、本当に必要で価値のあるものを少しずつ作っていくことで、持続的に使い続けられるソフトウェアとなります。そのためには、ただお金だけがあっても解決はしません。絶対に必要なのは時間です。

その前提のもと、適切にスコープを分割し、プロジェクトや開発体制も分割できれば、全体の生産性を高めることができます。もちろん、それで実際に動くソフトウェアも分割することになれば、ソフトウェア同士の連携が発生しますし、統合するとしてもコミュニケーションコストはかかるため、単純に生産性を足し算で考えることはできません。しかし、そのコストを鑑みても元の状態を超える生産性が出せるのであれば、分割する意味はあります。

不確実な未来を、少しずつ確実なものにしていく

プロジェクトや開発体制を分割するためにも考えるべきは、開発だけでなく、後々の保守や運用も含めた体制にすることです。ソフトウェアは一度作ってしまったら終わりではなく、継続的に手を入れていくことが求められます。その際、作った人がそのまま見ていくことが最も効率が良く、自然です。よって、ソフトウェアを分けるとしたら、それぞれのソフトウェアをずっと見ていける体制が必要になるのです。開発を一時的なコストだけで考えてはいけません。

ソフトウェア開発のプロジェクトの成功は、不確実性をいかにコントロールするかにかかっています。しかし、ソフトウェアが生きている限り、不確実性はゼロにはなりません。

ですので、優先順位が重要になります。一度に大雑把に進めるのではなく、優先順

位を決めてスコープを狭め、不確実性を下げた状態を作り出して進めていく。それで動くソフトウェアを手に入れて進めることができたら、定期的に将来に向けたプランの見直しをしていくのです。

「近い未来は解像度を高く、遠い未来は曖昧なまま」

そんなロードマップを、一定期間ごとに見直し続けるイメージです。

これは、ゴーイングコンサーンとも言われる会社の経営に似ています。実際、これからは会社経営をソフトウェアが支えるようになるので、ソフトウェアも持続的にマネジメントしていくことが求められるでしょう。

8章

工程を分業しても、効率化につながらない

「事業も順調ですし、ユーザーのみなさんの反応も上々です」

「いい感じですね。僕たちエンジニアチームも誇らしいです」

「本当、エンジニアのみなさんのおかげですよ」

「そう言っていただけると報われます」

「資金調達もうまくいったので、次の展開としては開発生産性の向上施策ですね」

「ええ。といっても、今のメンバーでは限界ですし、採用も難しい状況です」

「それ考えてみたんですけど、工場を参考にしてみたらいいかな、と思いついたんですよ」

「……と言いますと？（嫌な予感がする……）」

「いくつかの工程に分けて、専門性を持たせた体制にするんです。設計だけ、コードを書くだけ、とか」

「ええっと、それは難しいかと……」

「いやいや、思考停止せずに考えましょう。コードを書くだけなら若い人でも大丈夫でしょう」

数ヶ月後……

「また1人、ベテランエンジニアが辞めてしまった。残ったのは、スクールを出たてのエンジニアばかりだ……いったいなにが悪かったんだろうか……」

工程を分離しても生産性は上がらない

「工程を分離して専門性を持たせ、限定した仕事に分業することで、生産性を上げる」

そうした考え方は、工業や製造業の世界では顕著です。難しい工程は熟練者が取り組むようにして、容易な工程を分離することができれば、人材不足の問題は解決できる部分も出てきます。サービス業でもコンビニエンスストアのように、マニュアル化すれば、店舗スタッフはアルバイトで成立します。

たとえ熟練の経験がない人でも、工程を限定すれば、習熟にかかる期間も短くできるはずです。工程によっては、多くの人を投入して並列稼働させて、生産性を高めることができそうです。工程を分離すれば、アウトソースもしやすいでしょう。

このように、工程の分離と分業は理にかなったものに思えます。しかし、そうは問屋が卸さないのがソフトウェア開発です。工程を分離することは、むしろ生産性を落としかねません。

これまでソフトウェア開発の世界でおこなわれてきた工程の分離といえば、要件定義、分析、設計、実装、テストといった形に分けるやり方です。これは滝のように上から順に工程を進めるために、「ウォーターフォール」と呼ばれています。また、「完成するまでの開発」と「完成してからの運用」という形で分けるのも一般的でした。

これらは、まさしく製造業を参考にしたソフトウェア開発の工夫です。その先には、工場のようにソフトウェアを量産していける〝ソフトウェア工場〟の夢があったはずです。

こうしたソフトウェアの作り方は、稼働後に変化がないような世界だったらよかったのかもしれません。必要な機能を洗い出し、それらを開発して用意して、使っていくだけなら、そのあとのことを考えずに済んだでしょう。

8-1 図 > ウォーターフォール

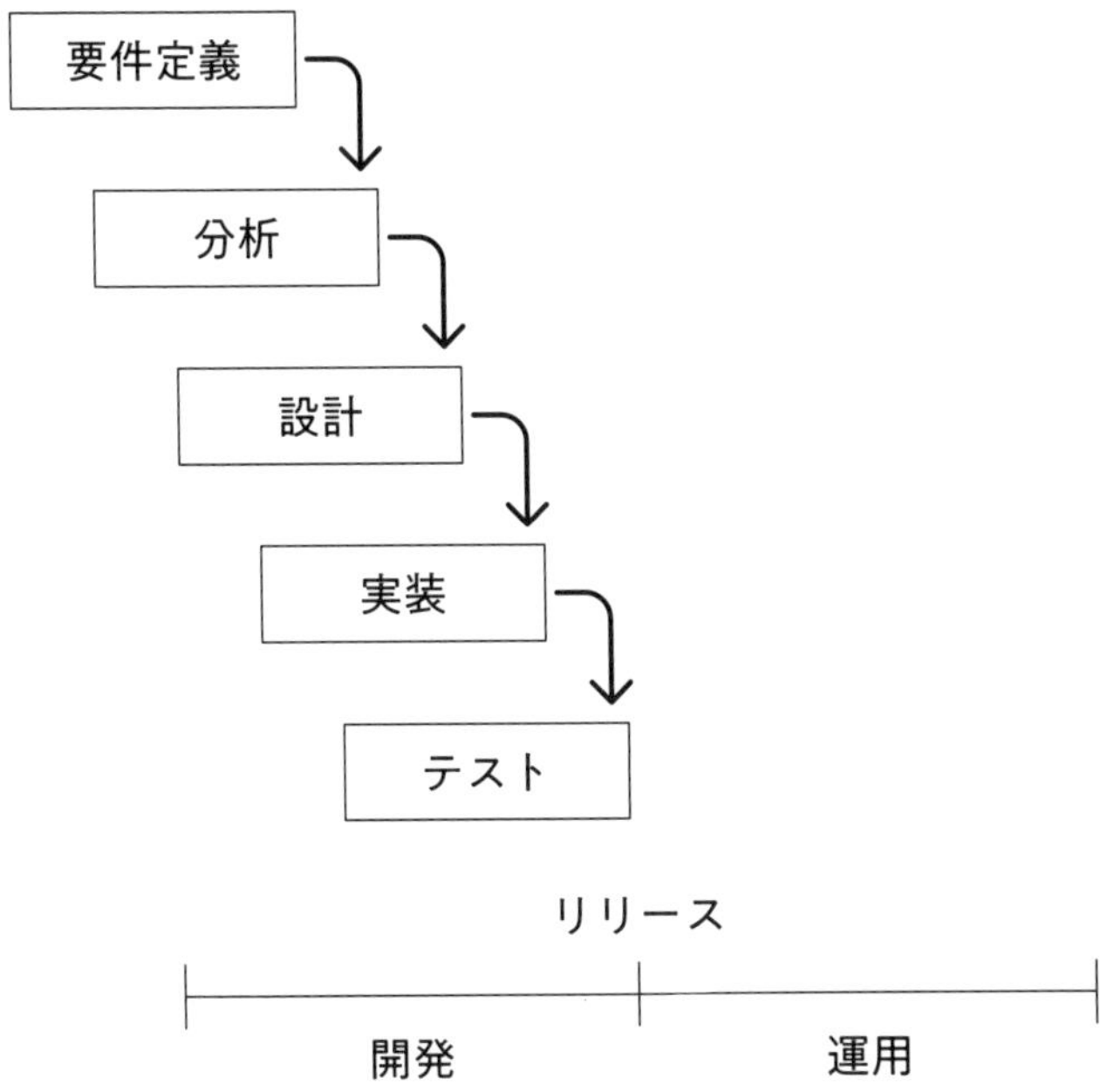

しかし、本来ソフトウェアは変化していくことでビジネスに追随することができます。そのためには、一度作って終わりにするやり方は合いません。ユーザーからのフィードバックやビジネスの狙いを元に、動いているソフトウェアを変更し続けていくことが求められています。

それなのに工程を分離してしまうと、部分最適になってしまい、全体の変化への対応が難しくなります。プログラムを修正し続けていくためには、修正しやすく見通しのいいプログラムを作る必要がありますが、それはプログラムを書くだけの工程では実現することはできません。「どのような要件にするのか」「どのような設計にするのか」から見直しをすることがあり、工程を分離してしまうとコミュニケーションコストがかかりすぎてしまいます。

そもそも、ソフトウェアは同じものを大量生産するわけではありません。どれもが一品物を作っているのだとしたら、工程に分けても並列稼働はできないので、分業の旨味はあまりありません。工程を分離するよりも、できうるならば1人の人間が一気通貫で担当するほうが、動くソフトウェアを維持しながら変更していくには都合がいいのです。

猫の手を借りても生産性は上がらない

「忙しい時は猫の手も借りたい」なんてことを言いますが、実際に忙しいソフトウェア開発の現場に猫がいても役には立ちません。本当の猫の手でなく、たとえ若くて経験の浅いエンジニアがいたとしても、それほど助かるわけではなかったりします。いや、助かるどころか邪魔になりかねません。

一般的な業務で考えると、「だれか手伝いを入れたら楽になるのではないか」と考えがちです。だから、ソフトウェアにくわしくない経営者やマネージャーがすぐに「人を調達すればなんとかなる」と考えても仕方ありません。たしかに熟練の人たちほど仕事ができなかったとしても、時間をかけたら少しは足しになったり、雑用みたいなことでも人手がいれば助かるような場面は、引っ越し作業や畑作業とか物理的な世界では存在しています。

しかし、残念なことにソフトウェア開発では、素人がいて助かることは少ないのです。むしろ、決まったマニュアルがあるわけではないので仕事の指示をしなければならなかったり、出来上がったプログラムの品質チェックと修正をしなければならなかったり、動かないときのトラブルなどのサポートをしたり、技術や仕様でわからないときは割り込まれて相談にのったりしていると、むしろ生産性は下がってしまうことになりかねません。

世の中の多くの仕事は、いくつかの作業を組み合わせて成果を出しています。その中には雑用や単純作業もあって、そこには人手が必要なものもあります。しかし、ソフトウェア開発にはそういった仕事がほぼありません。「手を動かすだけ」の工程がないからです。

ソフトウェアを作るということは、新規事業の創出や、研究開発のようなものです。たとえば、料理のレシピがあったら、レシピどおりに料理を作る工程は、熟練度の違いはあれど、たくさん人がいれば量は作れます。しかし、これがレシピを作る仕事だとしたら、手を動かすだけの人は必要ありません。ソフトウェア開発は、レシピを作る仕事です。コンピュータにとってのレシピにあたるのがプログラムです。

また、ソフトウェア開発において単純作業があったとしても、そうした雑用は自動化されてしまいます。エンジニアたちは繰り返し作業が苦手であり、それを自動化するためのプログラムを組むことが好きです。たとえば、動作確認のような作業でさえも、テストプログラムとして用意します。そうしていくと、雑用のように素人でもできる仕事がなくなってしまうのです。

「そうはいっても、素人でも1～2ヶ月もすれば、慣れて仕事ができるのではないか」

エンジニアでない人は、そう考えます。しかし、そうではありません。毎日、同じ作業を続けるのだとしたら、最初のうちは下手で時間がかかっても、同じことを続けていくうちに上手になってスピードも速くなるでしょう。しかし、ソフトウェア開発には慣れる仕事がありません。毎日、同じプログラムを書くことはないですし、必要となる知識も同じではありません。すべてのプログラムは設計作業なので、1つ1つ丹念に考え抜かねばなりません。そうした再現性の低い仕事、クリエイティビティが求められる仕事では、ほんの数ヶ月で「慣れたからできる」ようにはならないのです。

プログラムは最も低い品質に引っ張られる

プログラミング経験のない人からすると、エンジニアたちの力量の差など想像もできないでしょう。アスリートの世界のように、身体の見た目からして違いがあって、厳正なルールの競技があって、結果も明瞭な世界だったら、すごい選手かどうかが観客にもわかるでしょう。しかし、エンジニアの仕事は目には見えないので、エンジニア以外には理解されにくいのです。

ソフトウェア開発には雑用がないし、1~2ヶ月ほど現場にいたからといって慣れてできるようになる仕事もありません。逆に、プログラミングスクールを出たばかりの若いエンジニアをプロジェクトに参加させることは、むしろチーム全体の生産性を下げることになります。

ソフトウェアは、いくつかの画面やデータで構成されており、その内部構造も適切に分割すれば、分担して開発することはできます。しかし、それが1つのソフトウェアとして構成されている限り、その中身はつながりあって、影響を与えあっています。開発するソフトウェア自体を分離しない限り、ソフトウェアの中身については、一部でも品質が低い状態になっているとしたら、その低い品質がソフトウェア全体の品質となります。たとえば、1箇所でもセキュリティの穴となるプログラムになっていたら、そこがソフトウェア全体の脆弱性となります。

ソフトウェアを構成するプログラムは、地層のように積み重ねていくものです。あとから改修したり追加したりする際に、その土台となる部分に品質の悪い読みにくいプログラムやデータ構造があったら、それを理解するだけでもコストがかかりますし、それを修正するにもコストがかかります。だからといって、その品質の悪さに目を瞑って追加してしまうと、あとから追加するときにさらに大変になるのです。

だから、もし仮に経験の浅いエンジニアを入れたとして、コードレビューは欠かすことができません。それなりの経験があり、良いプログラムの書き方がわかっている人の作ったプログラムなら、コードレビューでの指摘も少ないでしょう。しかし、初心者の書いたプログラムのコードレビューは相当に大変です。なんだったら「自分で書き直したほうが速い」と思うときさえあります。実際に、速いです。

また、プログラムを書くためには設計をしなければなりませんが、経験が浅い場合はそれが難しい。そのため、先輩や上司が設計をして、タスクに分割して、作り方を指示して作ってもらうことになりますが、そこまでするなら自分で書いたほうが速いのです。

とても残念な事実ですが、結局、未熟なエンジニアを入れても、リソースの足し算にはならないのです。

多くのプログラミングスクールでは、プログラミング言語の習得をして、何かしらのアプリ開発をひととおりこなすことで〝卒業〟となっています。しかし、それだけでは「良いプログラム」を書けるようにはなりません。良いプログラムを書けるようになるためには、何度も書いて、何度も指摘を受けて、作法を身につけていくしかないのです。それには1～2ヶ月どころではない、相応の時間がかかります。

ここで難しいのは、「エンジニアとして価値を出すまでには経験が必要だけど、役に立って生産性を高めつつ経験を積める機会が少ない」ということです。育てたいと思うならば、ある程度の割り切りをもって、育成を目的として参加してもらう必要があります。

育成か生産性か、狙いをどちらにおくのか考えなければなりません。そうしないと、ベテランのエンジニアばかりに負担がかかってしまい、ベテランから順にチームを去っていくことになりかねません。

ソフトウェアの設計はだれのものか

あらためて工程の分離を考える時、モノづくりなら工程を大きく「設計」と「製造」の2つに分けることができます。何をどう作るかを決めることを設計と呼び、それを実際のモノにすることを製造と呼びます。

ソフトウェアの場合も設計と製造で分けて考えることができますが、プログラミングは製造にあたると多くの人が誤解しています。だから分業できるし、アウトソースもできると考えてしまいます。しかし、そうではありません。

プログラムは、コンピュータが動くための指示書です。期待する動きのために、どういった処理をすればいいのか。いずれだれかが読むときのために読みやすい構造や名前づけをどうすればいいか。それらを考えることは、プログラムを設計（デザイン）しているといえます。ソフトウェア開発には製造という工程がなく、すべて設計なのです。

プログラムをどう表現するかを考える設計という行為と、それを実際のプログラミング言語で表現する行為を分離するのはナンセンスなことです。もし、「プログラミング言語は操れないが、どう表現するかだけを考えられる」としたら、いったいどうやって表現するのでしょうか。プログラムを書けない人が設計はできないのです。

一方、プログラミングをすることは設計とはいえ、そのインプットとなるのは「どういう振る舞いをするソフトウェアにするのか」という仕様です。どんな機能があって、どんな画面があって、どういうことがしたいのかを決めることも、設計です。

この仕様を設計する工程と、プログラムを設計する工程は分けることができます。おもに担当する人は違ってきます。前者はソフトウェアを欲している人や画面など見た目をデザインする人が中心になり、後者はエンジニアが中心になります。

しかし、工程を分離したからといって、流れ作業にしてしまうとうまくいきません。エンジニアがいないところで仕様を設計すると、実際に開発するときに無理が生まれてしまったり、無理を通すために余計なコストがかかったり、あとから修正するのが大変になったりすることもあります。仕様の設計にもエンジニアが参加することで、より現実的で、低コストな実現方法を考えることができます。

ソフトウェア開発の究極の状態とは、ソフトウェアを必要としている人が自分でプログラムまで作れてしまうことです。それが最も効率がいいし、無駄がありません。とはいえ、そんなことは現実的ではありません。

最近だと、「ノーコード」「ローコード」といった、プログラミングが不要なツールも出てきています。かんたんなもので規模も小さければいいですが、それでも使いこなすまでには時間がかかります。なにより、ソフトウェアの本質を理解して、普段から使っている状態にならないと、なかなか思いどおりのソフトウェアは手に入らないでしょう。

そこで必要となるのは、ソフトウェアを必要とする人と、ソフトウェアを作れるエンジニアが一緒のチームになってソフトウェア開発をしていくことです。それが、本当に欲しいソフトウェアを無駄なく作ることができて、そのあとの変化にも対応していける方法です。

これからは、事業とソフトウェアが不可分の時代になります。そうであれば、事業側の人間とエンジニアもワンチームになっていくのは必然なことです。そうしたとき、本書が両者の橋渡しとなればうれしい限りです。

おわりに

ここまで読んでくださって、ありがとうございました。

「変化に対して管理やコントロールをしようとするのではなく、あるがまま受け入れつつ柔軟につきあっていくこと」

それが、私が本書を通じて伝えたかった主張です。

ソフトウェアのみならず、事業や組織といった物理的に形のないものは、変化し続けます。新しい技術は次々と生まれて、時代や環境は変化していきます。そうした外的な変化に追随できないと衰退し滅びますし、改善や新しいものを生み出していく内的な変化をすることでこそ成長し続けることができます。

どうやっても変化していくならば、変化をないものとせず、変化を前提におくこと。そのために、扱える範囲に小さくしたり、なるべくシンプルな状態を保ったり、人海戦術に頼ったりしないことで、変化に前向きにつきあっていけます。それが「変化を抱擁する思考」です。

変わりゆく世界を受け入れて、自由自在に変えていくことのできるソフトウェアを作りたい。

変化に適応していくために不完全さも受け入れ、すべてを予見しようとせず、いつでも変化できる身軽さを身につけておくことを大事にしたい。

これが、私のソフトウェアに対するスタンスです。

こうした考え方を持った著名なソフトウェア開発者たちによって2001年に提唱されたのが「アジャイルソフトウェア開発宣言」です。私自身、1人のソフトウェア開発者として、アジャイルの思想に強く共感しています。20代からアジャイル開発を日本に広めるべく活動を続けた末に、アジャイル開発を日本の受託開発のビジネスでも実現させるべく「納品のない受託開発」というビジネスモデルを編み出し、その事業を実践するためのソニックガーデンという会社を経営してきました。

そんなアジャイル開発との出会いとなったのが、『ＸＰエクストリーム・プログラミング入門――ソフトウェア開発の究極の手法』（当時はピアソンエデュケーション刊、現在は第2版がオーム社刊）という本でした。そこで示された考え方が〝Embrace Change（変化を抱擁せよ）〟だったのです。本書のサブタイトルは、この言葉のオマージュです。

エンジニアとしてキャリアを始めた私ですが、そのあと自ら起業した会社を12年ほど経営してきて感じているのは、「会社で組織をつくりあげることはソフトウェアをつくることにとても似ている」ということです。本書で紹介してきた「変化を抱擁する思考」の数々は、ソフトウェア開発そのものにも有効ですが、それ以上に日本の企業がデジタルトランスフォーメーションや人的資本経営に取り組む際の一助となるのではと考えています。そうなることは、エンジニアと経営者の2つのキャリアを歩んできた私にとって望外の喜びです。

本書の感想や質問などあれば、ぜひ私までメールをいただけるとうれしいです。

kuranuki@sonicgarden.jp

【参考文献】

●ゆとりの法則
トム・デマルコ 著／伊豆原弓 訳／日経BP刊

●ピープルウェア 第3版
トム・デマルコ、ティモシー・リスター 著／松原友夫、山浦恒央、長尾高弘 訳／日経BP刊

●デスマーチ 第2版
エドワード・ヨードン 著／松原友夫、山浦恒央 訳／日経BP刊

●ザ・ゴール
エリヤフ・ゴールドラット 著／三本木 亮 訳／ダイヤモンド社 刊

●ハッカーと画家
ポール・グレアム 著／川合史朗 訳／オーム社 刊

●小さなチーム、大きな仕事
ジェイソン・フリード、デイヴィッド・ハイネマイヤー・ハンソン 著／黒沢健二、松永肇一、美谷広海、祐佳ヤング 訳／早川書房 刊

●ライト、ついてますか？
ドナルド・C・ゴース、ジェラルド・M・ワインバーグ 著／木村泉 訳／共立出版 刊

●システムの問題地図
沢渡あまね 著／技術評論社 刊

●エンジニアリング組織論への招待
広木大地 著／技術評論社 刊

●納品をなくせばうまくいく
倉貫義人 著／日本実業出版社 刊

●管理ゼロで成果はあがる
倉貫義人 著／技術評論社 刊

●Joel on Software
ジョエル・スポルスキー 著／青木靖 訳／オーム社 刊

●Eric Sink on the Business of Software 革新的ソフトウェア企業の作り方
エリック・シンク 著／青木靖 訳／オーム社 刊

●人月の神話【新装版】
フレデリック・P・ブルックスJr.著／滝沢徹、牧野祐子、富澤昇 訳／丸善出版 刊

●達人プログラマー 第2版
デビッド・トーマス、アンドリュー・ハント 著／村上雅章 訳／オーム社 刊

●XPエクストリーム・プログラミング入門
ケント・ベック 著／長瀬嘉秀 監訳／飯塚麻理香、永田渉 訳／ピアソンエデュケーション 刊
※現在は第2版がオーム社刊

倉貫義人（くらぬき よしひと）

株式会社ソニックガーデンの創業者で代表取締役社長。1974年生まれ。京都府出身。

小学生からプログラミングを始め、天職と思える仕事に就こうと大手システム会社に入社するも、プログラマ軽視の風潮に挫折。転職も考えたが、会社を変えるためにアジャイル開発を日本に普及させる活動を個人的に開始。会社では、研究開発部門の立ち上げ、社内 SNS の企画と開発、オープンソース化をおこない、自ら起業すべく社内ベンチャーを立ち上げるまでに至る。

しかし、経営の経験などなかったために当初は大苦戦。徹底的に管理する方法で新規事業はうまくいかないと反省。徐々に管理をなくしていくことで成果をあげる。最終的には事業を軌道に乗せて、その社内ベンチャーをマネジメント・バイ・アウト（経営者による買収）することで独立を果たして、株式会社ソニックガーデンを設立。

ソニックガーデンでは、月額定額＆成果契約の顧問サービスを提供する新しい受託開発のビジネスモデル「納品のない受託開発」を展開。その斬新なビジネスモデルは、船井財団「グレートカンパニーアワード」にてユニークビジネスモデル賞を受賞。

会社経営においても、全社員リモートワーク、本社オフィスの撤廃、管理のない会社経営などさまざまな先進的な取り組みを実践。2018年には「働きがいのある会社ランキング」に初参加5位入賞と、「第3回ホワイト企業アワード」イクボス部門受賞。

2018年から「北欧、暮らしの道具店」を運営する株式会社クラシコムに社外取締役として参画、2022年のグロース市場への上場に貢献を果たす。

著書に『管理ゼロで成果はあがる』（技術評論社）、『ザッソウ』（日本能率協会）、『「納品」をなくせばうまくいく』『リモートチームでうまくいく』（日本実業出版社）がある。

プログラマを誇れる仕事にすることがミッション。

「心はプログラマ、仕事は経営者」がモットー。

ブログ：https://kuranuki.sonicgarden.jp/
Twitter：@kuranuki
Facebook：https://www.facebook.com/kuranuki

ブックデザイン
西垂水敦、市川さつき（krran）

本文デザイン
二ノ宮匡（nixinc）

編集
傳智之

■お問い合わせについて

本書に関するご質問は、FAX、書面、下記のWebサイトの質問用フォームでお願いいたします。電話での直接のお問い合わせにはお答えできません。あらかじめご了承ください。

ご質問の際には以下を明記してください。

・書籍名
・該当ページ
・返信先（メールアドレス）

ご質問の際に記載いただいた個人情報は質問の返答以外の目的には使用いたしません。

お送りいただいたご質問には、できる限り迅速にお答えするよう努力しておりますが、お時間をいただくこともございます。

なお、ご質問は本書に記載されている内容に関するもののみとさせていただきます。

[問い合わせ先]
〒162-0846
東京都新宿区市谷左内町21-13
株式会社技術評論社　書籍編集部
「人が増えても速くならない」係
FAX：03-3513-6183
Web：https://gihyo.jp/book/2023/978-4-297-13565-2

人《ひと》が増《ふ》えても速《はや》くならない
～変化《へんか》を抱擁《ほうよう》せよ～

2023年6月23日　初版　第1刷発行
2023年8月31日　初版　第3刷発行

著者　倉貫義人《くらぬきよしひと》
発行者　片岡巌
発行所　株式会社技術評論社
東京都新宿区市谷左内町21-13
電話 03-3513-6150　販売促進部
03-3513-6166　書籍編集部
印刷・製本　昭和情報プロセス株式会社

定価はカバーに表示してあります。

ISBN978-4-297-13565-2　C3034
Printed in Japan